www.ingramcontent.com/pod-product-compliance
Lightning Source LLC
LaVergne TN
LVHW050757051026
849532LV00008B/2887
9788119022403

زندگی : سرِ راہ چلتے چلتے

(تعمیر نیوز ویب پورٹل کے منتخب مضامین)

زندگی سیریز: 5

مرتب:

مکرم نیاز

Zindagi : sar-e-rah chalte chalte (Essays)

by: Mukarram Niyaz

Edition: August '2025

Publisher :

Taemeer Publications LLC (Michigan, USA / Hyderabad, India)

ISBN 978-81-19022-40-3

کتاب	:	**زندگی : سر راہ چلتے چلتے** (مضامین)
مرتب	:	**مکرم نیاز**
صنف	:	غیر افسانوی نثر
ناشر	:	تعمیر پبلی کیشنز (حیدرآباد، انڈیا)
سالِ اشاعت	:	۲۰۲۵ء
صفحات	:	۸۲
سرورق ڈیزائن	:	تعمیر ویب ڈیزائن

فہرست

پیش لفظ

سرِ راہ چلتے چلتے، مل گئی ہے زندگی

مکرم نیاز

مطالعہ کا جو بصری سفر گذشتہ نصف صدی میں بیتا ہے وہ ایک معنوں میں تین ادوار پر مشتمل ہے۔ (۱) کاغذی اخبار، کتب و رسائل، (۲) انٹرنیٹ کی ویب سائٹس اور (۳) سوشل میڈیا۔ ہرچند کہ تینوں زمانے اب بھی جاری ہیں مگر ثانی الذکر دونوں دَور بوجہ ترجیحی طور پر آگے محسوس ہوتے ہیں۔ آن لائن یا ڈیجیٹل مطالعہ کی یوں تو ڈھیر ساری خصوصیات گنائی جا سکتی ہیں مگر سب سے بڑی خصوصیت مطلوبہ مواد کی فوری تلاش میں سہولت کی عام دستیابی ہے۔

اردو طباعت (پرنٹنگ) کے میدان میں آج بھی سینکڑوں اخبارات اور کتب و رسائل ہندوستان سے شائع ہوتے ہیں جن میں سے اکثر و بیشتر اخبار و رسائل کی اپنی ویب سائیٹس بھی موجود ہیں۔ پھر بھی اردو زبان کی مستند خبروں، علمی، ادبی و معلوماتی مواد کی کمی جب محسوس ہوئی تو راقم الحروف نے ۱۵؍دسمبر ۲۰۱۲ کو 'تعمیر نیوز' کا آغاز بطور نیوز پورٹل کیا تھا جسے بعد ازاں جنوری ۲۰۱۸ء سے ایک علمی، ادبی، سماجی اور ثقافتی پورٹل

میں تبدیل کیا گیا۔ تبدیلی کی بنیادی فکر یہی رہی کہ اردوداں قارئین کے ذوقِ مطالعہ میں اضافہ کی خاطر انہیں صرف خبروں تک محدود رکھنے کے بجائے اردو زبان وادب کے اس علمی ذخیرے سے مستفید کیا جائے جس کی سائبر دنیا میں آج بھی کمی محسوس کی جاتی ہے۔ گیارہ (۱۱) سالہ طویل سفر کے دوران 'تعمیر نیوز' نے علمی و ادبی مواد کے انتخاب، معیار کی برقراری اور نوجوان قلمکاروں کی تحریروں کی تدوین، اشاعت اور ان کی حوصلہ افزائی کے لیے اپنا فریضہ نبھانے میں کوئی کوتاہی نہیں برتی ہے۔ اسی لیے ماہر تعلیم اور سوشل میڈیا پر اردو کی ترویج میں مشغول ممتاز استاذ وادیب ڈاکٹر اسلم فاروقی نے لکھا کہ:

"جب کبھی کسی اردو ریسرچ اسکالر کو زبان وادب سے متعلق کچھ اہم مواد کی تلاش ہوتی ہے اور گوگل میں اردو یونیکوڈ میں جب ہم کوئی موضوع لکھ کر سرچ کرتے ہیں تو جس کارآمد مواد تک ہماری رسائی ہوتی ہے وہ 'تعمیر نیوز' پر دستیاب رہتا ہے۔"

انفارمیشن ٹیکنالوجی نے آدمی کو اتنا ترقی یافتہ بنا دیا ہے کہ وہ اپنا وقت ضائع کئے بغیر کہیں بھی بیٹھے بیٹھے پوری دنیا سے سوشل میڈیا کے ذریعے رابطہ قائم کر سکتا ہے۔ سوشل میڈیا کا بنیادی مقصد ہی دنیا کے تمام انسانوں کو ایک دوسرے سے قریب لا کر انہیں آپس میں جوڑنا ہے تاکہ وہ باہمی خوشیاں بانٹ سکیں، ایک دوسرے کے افکار و خیالات سے استفادہ کر سکیں اور سماجی ناانصافیوں، استحصال اور ظلم و بربریت کے خلاف مشترکہ صدائے احتجاج بلند کر سکیں۔ عصر حاضر میں سوشل میڈیا جہاں عوام میں آگاہی کا فریضہ انجام دے رہا ہے وہیں معلومات کی فراہمی اور شعور بیداری کا ایک بہت بڑا ذریعہ بھی ہے۔ یہی سبب ہے کہ راقم الحروف نے علمی، اصلاحی اور سماجی موضوعات پر لکھنے کی

طرف زیادہ توجہ دی ہے۔ مگر اس پابندی کے ساتھ کہ لفاظی کرنے یا دیگر ذیلی متنازعہ پہلوؤں کو چھیڑنے کے بجائے نفس موضوع تک محدود رہ کر مختصر مگر جامع انداز میں درست موقف کو سامنے لانے کی سعی کی جائے۔

اس کتاب میں 'تعمیر نیوز' سے اخذ کردہ ایسے مضامین کو شامل کرنے کی ممکنہ کوشش کی گئی ہے جو زندگی کے منفرد و متنوع مسائل کا احاطہ کرتے ہوئے قاری کی مناسب علمی و سماجی رہنمائی کا فرض بھی انجام دے سکیں۔ امید ہے کہ اس قلمی کاوش کا علمی و سماجی حلقوں میں استقبال کیا جائے گا۔

۱۳/ اگست ۲۰۲۵ء

حیدرآباد (تلنگانہ، انڈیا)

ا

ڈھولک کے گیت اور سادہ زندگی کی کہانیاں

ڈاکٹر زینت ساجدہ

اگر ہم کسی ملک کو جاننا، پہچاننا اور سمجھنا چاہتے ہوں تو ہمارے لیے اس کے ادب، تاریخ، فنون لطیفہ، آثار قدیمہ، روایات، رسم ورواج اور تہذیب و شائستگی کا مطالعہ کرنا ضروری ہو جاتا ہے۔ ان سب کو جان لینے کے بعد بھی کبھی کبھی ہم روح کے اضطراب اور دل کی دھڑکنوں کو سمجھنے سے قاصر رہ جاتے ہیں۔

تہذیب و تمدن کی ترقی کے ساتھ ساتھ انسانی زندگی میں دکھاوا بھی بڑھتا جاتا ہے۔ ہم کچھ کہہ کر بہت کچھ چھپا سکنے پر قادر ہو جاتے ہیں۔ اسی لیے جب کبھی ہم ان پردوں کو ہٹا کر گہرائیوں تک پہنچنا چاہتے ہیں تو اس سلسلے میں عوامی ادب ہمارا ہاتھ بٹاتا ہے۔

لوک گیت، لوک کہانیاں، جن گان، جن ناٹیہ، لوک ناچ، لوک کہاوتیں، یہ سب عام انسان کی سیدھی سادی زندگی کا ماجرا بیان کرتے ہیں۔ جن میں پیچیدہ فلسفے نہیں، روشن حقیقتیں ہوتی ہیں۔ فن اور ہئیت کی بازیگری نہیں، دل کو چھو لینے والی موہنی ہوتی ہے۔ وہ عوامی زندگی کے ترجمان بھی ہوتے ہیں اور انفرادی زندگی کے آئینہ دار بھی۔ ان میں مقامی رنگ بہت گہرا ہوتا ہے لیکن ان سب میں انسانیت کا دل دھڑکتا صاف سنائی دیتا ہے۔

لوک ساہتیہ ہر قوم کا بیش قیمت اور لافانی ورثہ ہوتا ہے جسے وہ ہمیشہ اپنے سینہ سے لگائے رکھتی ہے۔ وہ اگرچہ ضبط تحریر میں نہیں آتا لیکن عوام کے سینوں میں محفوظ رہتا ہے۔ ماں بیٹی کو، باپ بیٹے کو، پرانی نسل نئی نسل کو ورثے میں یہ سرمایہ دیتی آئی ہے اور اس طرح یہ ادب صدیوں سے سینہ بہ سینہ منتقل ہوتا رہا ہے۔ ان کا مصنف کون ہے، اس کا کس عہد سے تعلق ہے؟ یہ کوئی نہیں جانتا۔

لوک گیت اور ان کی فطری دھنیں کسی بھی قوم کے جذبات کا راست اور فطری اظہار ہیں اور ہونا بھی چاہیے۔ ان میں صناعی اور فن کاری سے زیادہ صداقت اور گرمیٔ حیات ہوتی ہے۔ وہ لوگ جو اس سلسلے میں دیس دیس گھومے پھرے ہیں، کہتے ہیں کہ انسانی برادری کی یگانگت کو سمجھنا چاہو تو اس سے بہتر اور کوئی ذریعہ نہیں کہ وہاں کے عوامی ادب سے واقفیت حاصل کرو۔ زبان و ادب جب قواعد کے بندھنوں سے بندھ جاتے ہیں تو ان میں تکلف در آتا ہے۔ اسی لیے ایک ملک سے دوسرے ملک کا ادب الگ دکھائی دیتا ہے لیکن یہ عام خزانے فطرت سے اپنا ناطہ رکھتے ہیں۔ اسی لیے زبانیں اور بولیاں الگ الگ ہونے کے باوجود ان میں بہت سی باتیں ملتی جلتی ہیں۔

ہندوستان ایک عظیم ملک ہے۔ اتر سے لے کر دکھن اور پورب سے لے کر پچھم تک ہر جگہ رہنے والوں کے کھان پان کے طریقے جدا، اٹھنے بیٹھنے، ملنے جلنے کے آداب، شادی بیاہ کے رسم و رواج الگ الگ ہیں۔ اس کے باوجود ان میں کچھ نہ کچھ رنگ مشترک بھی ہیں۔ اس فرق اور اشتراک کو اچھی طرح سمجھنا ہو تو جگہ جگہ گھومئے اور وہاں گائے جانے والے گیت سنیے۔

جاڑے کی راتوں میں الاؤ کے گرد گائی جانے والی سورماؤں کی کہانیاں، ہل چلاتے اور فصل کاٹتے ہوئے کسانوں کے گیت، پنگھٹ پر جمع ہونے والی پنہارنوں کی چہل، چرخہ

کاتنے والی گرہستن کا گنگنانا، دھمش کرنے والے مزدوروں کی تھاپ، دھان کوٹنے والیوں کے بول، رات کے پچھلے پہر بیل گاڑی ہانکنے والوں کی تانیں، محرم کے الاوے، عورتوں کی زاریاں۔۔۔ پھر ڈھولک کے گیت، جن میں پیدائش سے لے کر موت تک، انسانی زندگی کا ہر رخ اور ہر موڑ جیتا جاگتا اپنے منہ آپ کہانی سناتا ہے۔

ان میں بدلتی ہوئی رتوں کی خوشبو، آنگن کے پیڑ پر بولنے والی کوئل، چھپ کر منڈیر پر کائیں کائیں کرتا کوا۔۔۔ ساس، نند، دیورانی، جٹھانی کی شکایتیں، گلے شکوے، میکے کی یاد۔۔۔ غرض ہر پسند ناپسند، درد و غم، نفرت و محبت، چھوٹی چھوٹی خواہشیں۔۔۔ سبھی کچھ موجود ہیں۔

ان میں ہیر پھیر کی باتیں نہیں ہوتیں۔ دکھاوا نہیں ہوتا۔ یہ تو کھرے، بھولے بھالے، دل کی آواز ہیں۔ ان میں اپنے پن کا رس ہے۔ مان ہے اور مصری کی ڈلی جیسی گہری مٹھاس ہے۔۔

انہیں ابھی شہروں کی تہذیب نے دل کی سچائی پر جھوٹ کا ملمع کرنا نہیں سکھایا، یہ کھری کھری باتیں اَن گڑھ، کھردری سہی مگر سچی ہیں۔ سچے موتی بھی تو سڈول نہیں ہوتے۔

یہ گیت جن سروں میں گائے جاتے ہیں، انہیں سیکھنے کے لیے برسوں کی ریاضت درکار نہیں، نہ خاص خاص سازوں کی احتیاج، موسل کی دھن دھم، چکی کی گھمر گھمر، چرخے کی روں روں، دھنکئے کی تِن تِن باد ھمش کی تھاپ، ان گیتوں کے لیے ساز کا کام دیتی ہے۔

ایک ڈھولک مل گئی تو کیا کہنے ورنہ مٹی کے گھڑے سے بھی کام نکل جاتا ہے۔ پھر آواز کے تان سین اور تانی ہونے کی ضرورت نہیں۔ فطری اور توانا آواز میں جب پانچ

سات سہاگنیں یا دس بارہ کسانوں کی ٹولی گانے پر اتر آتی ہے، سب کی پچر سی آوازیں ابھرتی ہیں تو سننے والوں کی رگوں میں لہو جوش مارنے لگتا ہے۔ آنگن میں لگے آم کے پیڑ تلے جب لڑکیاں بالیاں گانے لگتی ہیں تو سننے والی بوڑھیوں کی بیتی جوانی جاگتی ہے اور وہ بھی آواز ملانے لگتی ہیں کیونکہ ان گیتوں میں انہیں کی سادہ زندگی کی بہت سی کہانیاں سموئی ہوئی ہیں۔

Dholak ke Geet. Essay: Dr Zeenat Sajida

***

۲

دے کے خط منہ دیکھتا ہے نامہ بر

محبوب خاں

دے کے خط منہ دیکھتا ہے نامہ بر

کچھ تو پیغام زبانی اور ہے۔۔!

غالب کے خطوط کو اردو ادب میں بڑی اہمیت حامل ہے۔ یہ وہ مقام تھا جہاں سے اردو نثر اپنی روایات سے ہٹ کر آسان پیکر سے آراستہ ہو رہی تھی۔ اردو ادب کے آسمان پر نئی نثر کا آفتاب طلوع ہو رہا تھا۔ نثر نگاری کی ایک نئی نسل بھی بیدار ہو رہی تھی۔

غالب سے قبل قرون وسطی میں خطوط و فرمان فارسی آمیزش زبان میں لکھے جاتے۔ نامہ بری حکومت کے زیر نگرانی ایک اہم شعبہ ہوا کرتا تھا - ایک جگہ سے دوسری جگہ خطوط اور فرمان کو پہوچانے کے لیے شہ سوار رکھے جاتے، جگہ جگہ سرائے اور رین بسیرے ہوتے، راستے کی نشاندہی کے لیے کوس مینار کھڑے ملتے۔ اس سے قبل کبوتر اور دیگر ذرائع سے پیغام رسانی کا ذکر بھی ملتا ہے۔

کچھ سال پہلے تک خوبصورت پھولوں کے عکس اور تصویروں سے آراستہ لیٹر پیڈ پر دل کا مدعا بیان کیا جاتا، ہجر اور کرب کی راتوں کی دہائی دی جاتی۔ اس خط کا ڈاک نظام بھی بہت دلچسپ ہوتا تھا۔ عام طور پر کتاب کے بیچ میں رکھ کر اسے منزل تک پہونچایا جاتا، یا

کبھی دوست احباب یا سہیلی کے ذریعے دستی بھیجتے، کبھی گمنام جگہ پر گمنام پتھر کے نیچے چھپا ہوا کاغذ کا ایک ٹکڑا داستان ہجر بیان کرتا۔ لیکن یہ ڈاک سسٹم بہت حادثاتی بھی تھا کبھی کبھی فیل ہو جانے پر بہ قلم خود کو اک آگ کے دریا سے ڈوب کر تشدد کی منزلیں بھی طے کرنا پڑتا تھا۔ قرون وسطی میں ڈاک کا اگر اچھا نظام ہوتا تو گوسوامی تلسی داس لاش کے سہارے ندی نہ پار کرتے، سانپ کو پکڑ کر چھت پر نہ چڑھتے، اور شاید ہم ان کی عظیم تخلیق رام چرت مانس سے بھی محروم ہی رہتے۔

مغلوں کے آخری دور میں ایسٹ انڈیا کمپنی نے اپنے قدم ہندوستان میں جما لیے تھے اور ڈاک کے عمدہ نظام کے تحت انھوں نے ہندوستان کا پہلا ڈاک خانہ کلکتہ میں سنہ ۱۷۷۴ میں کھولا۔ بعد میں کئی اور بھی ڈاکخانے کھولے، پہلا ڈاک ٹکٹ ۱۸۵۴ میں جاری کیا گیا۔

۱۸۵۷ کے بعد حکومت برطانیہ کے زیر سایہ ہندوستان میں ڈاک کا نظام مزید مضبوط ہوا۔ انگریز اپنی حکومت کے گوشہ گوشہ سے باخبر رہنا چاہتے تھے اسلیے انھوں نے ڈاک کے نظام کو بڑی اہمیت دی۔ ریلوے لائینیں بچھانے کا کام شروع ہوا۔ جگہ جگہ ڈاگ بنگلے بنائے گئے، جہاں ڈاک جمع ہوتی، پڑھی جاتی، جواب لکھوائے جاتے اور ڈاک آگے کو روانہ ہو جاتی۔

ڈاک کے لیے خاص ریل گاڑیاں بھی چلائی گئیں اور انھیں میل ٹرین کہا گیا اور ان میل ٹرینوں کا ٹھہراؤ بھی شہر اور قصبات کی اہمیت کے اعتبار سے رکھا گیا۔ RMS بھی شروع کیا گیا۔

کاغذ اور قلم سے خط لکھنا ہماری تہذیب کا اہم حصہ رہا ہے۔ غالب کے خطوط ہوں یا، پنڈت جواہر لال نہرو کا اندرا گاندھی کے لیے جیل سے لکھے ہوئے خط یا پھر بیماری اور

تنہائی کی حالت میں صفیہ اختر کے جان نثار اختر کو بھیجے گئے خطوط۔۔۔ جس کا مجموعہ "زیر لب" کے نام سے شایع ہو کر اردو ادب کا حصہ بن چکا ہے۔ ہاتھ سے لکھے خط کی جذباتی اور رومانی کیفیت کا کیا کہنا۔۔۔!

ہماری فلموں میں بھی خطوط کا استعمال خوب ہوا ہے۔ فلموں میں مغل شہزادوں کو کمل کے پھول کے ذریعہ اپنی معشوقہ کو خط بھیجنے کا منظر دیکھنے کو ملتا ہے۔ کہیں سنسان اور تاریک اندھیری رات میں ریل کے تنہا فرسٹ کلاس کمپارٹ مینٹ میں خوابیدہ صاحب جان کے پیروں پر رکھا ایک فورسٹ افسر کا خط جس میں صاحب جان کے خوب صورت پیروں کی تعریف اور زمین پر اتارنے کی صورت میں میلے ہو جانے کا خدشہ درج کیا گیا تھا۔ کاش صاحب جان کی ماں نرجس کا لکھا خط شہاب الدین کو وقت پر مل گیا ہوتا تو تو نرجس بالاخانے کی زینت نہ بنتی۔ وہ خط پوسٹ نہ ہو سکا اور منزل تک پہونچنے میں اسے ۱۶ سال لگ گئے۔

لکھنؤ کی چھتوں پر دفتی کے ڈبے اور تار والے کھلونا فون سے مہرو اور ان کے منگیتر شاعر نسیم کے درمیان دل بیتاب کو سینے سے لگانے جیسی باتیں بھی سنائی دیں۔۔۔ لیکن جس خوب صورتی سے راج کپور نے اپنی ایک فلم میں پریم پتر کو فلمایا ہے اس کی مثال نہیں ملتی۔ اتفاق ہے کہ یہ پریم پتر ہی اس فلم کے کلائمیکس کی بنیاد بن گیا۔ جاتے جاتے فلم یہ بھی سیکھ دے گئی کہ پریم پتر کو کبھی محفوظ کر کے نہیں رکھنا چاہیے۔

انگریزوں کے جانے کے بعد بھی آزاد ہندوستان میں ڈاک کا وہی نظام رائج رہا، وہ دن یاد کیجئے جب آپ بے صبری سے ڈاکیے کا انتظار کرتے تھے، ہماری خوشی، رنج و غم سب اس کے آمد اور آہٹ کے ساتھ جڑے رہتے تھے۔ ڈاکیہ اب بھی ہے مگر اب وہ کسی بزرگ کی زندگی میں جوانی کے خواب کی طرح کبھی کبھار آتا ہے۔

خطوط کے علاوہ ٹیلیفون بھی پیغام پہونچانے کا ذریعہ تھا مگر وہ عام دسترس سے باہر کی بات تھی۔ ای میل باہر کے ملکوں میں رائج تھا اور اس پر پیسے لگتے تھے۔ بھلا ہو سبیر بھاٹیہ کا جس نے Hotmail لانچ کر کے فری ای- میل سروس کا آغاز کیا ہندوستان میں عوامی انٹرنیٹ ۱۵/ اگست ۱۹۹۵ میں آیا تب لوگوں نے ای- میل سے خط بھیجنا دیکھا۔ مگر انقلاب کی آمد تو ہونی تھی ، جی ایس ایم اور سی ڈی ایم اے تکنیک کے ذریعہ اب موبائل فون کی باری تھی اور ۱۹۹۵ میں موبائل فون کی خدمات شروع ہو گئی۔ بنگال کے وزیر اعلی جیوتی باسو نے پہلا فون مرکزی وزیر سکھرام کو کر کے ۱۹۹۵ میں موبائل فون کی سروس کا آغاز کیا۔

موبائل فون سے ٹیکسٹ میسیج (SMS) آہستہ آہستہ مقبول ہو رہا تھا اور جب یہ مفت کی سروس ہو گئی تو نئی نسل کی زندگی میں ہیجان برپا ہو گیا۔ طرح طرح کے شارٹ فارم اور الفاظ کے ابریسیشن بھی آ گئے۔ نٹیکسٹ میسیج کے ساتھ ساتھ تصویر بھیجنے کی سہولیات فراہم کرائی جانے لگی جسے MMS کہتے تھے۔

انھیں دنوں ۲۰۰۳ میں Skype کا آغاز ہوا جس سے ویڈیو اور روبرو گفتگو کی سہولیات ملی مگر کچھ ایسی بد قسمتی کہ چھوٹی کمپنی یا اسٹارٹ اپ کے وسائل بہت محدود رہتے ہیں اور جب ایسی کمپنیوں کو کوئی بڑی کمپنی ٹیک اور کرتی ہے تو وہ کامیاب ہو جاتی ہیں۔ Skype کو جب مائکروسافٹ نے خرید لیا تو وہ مقبول ہو گئی۔ لیکن ابھی ہندوستان میں انٹرنیٹ بہت عام نہیں تھا اور نہ ہی اس کی اسپیڈ تیز تھی۔

جس وقت ہم SMS اور MMS کی دنیا میں کھوئے ہوئے تھے اسی وقت یاہو کمپنی کے دولڑکے جان کون اور برین ایکٹن ماؤنٹین ویو اسٹیشن کے سامنے کاسٹرو اسٹریٹ کے ریڈ راک کافی میں خاموشی سے بیٹھے اس بات پر غور کر رہے تھے کہ ٹیکسٹ ، آڈیو اور

ویڈیو کو تیزی سے اور ڈھیر سارا بھیجنے کا کوئی ایپ تیار کیا جائے۔ یہ دونوں ریڈ راک کافی میں گھنٹوں بیٹھے سوچتے رہتے۔ ریڈ راک وہ کیفے ہے جہاں کبھی گوگل کے فاؤنڈر بچے بھی بیٹھے تھے۔ میں امریکہ کے بے ایریا کے اس کیفے میں خاص طور پر گیا تھا، بیٹھا، کافی پی۔ دیکھا پورا ہال بھرا ہونے کے بعد بھی بے انتہا خاموشی کا عالم ہے، سب اپنے لیپ ٹاپ میں کھوئے ہوئے ہیں۔ نہ جانے کل ان میں سے کون دنیا کو کیا سوغات دینے والا ہے؟ کیا پتہ آنے والے کل کا کوئی اور مارک یہاں سے پیدا ہو اور دنیا کو بدل دے۔

بہر حال ۲۰۰۹ میں ان دونوں کی وہاٹس ایپ کمپنی رجسرڈ ہوئی۔ ویڈیو اسٹریمنگ کا آئی ٹیم بہت مہنگا ہے اس لیے وہاٹس ایپ کو بہت مشکلوں کا سامنا کرنا پڑا۔ اسی درمیان چین میں ۲۰۱۱ میں وی چیٹ we chat بھی بازار میں آگیا اور چین میں بہت مقبول ہو گیا۔ ۲۰۱۳ میں ہی روس کے دو طلبا نے لندن میں "ٹیلی گرام" کمپنی قائم کی اور اس کا آپریٹنگ ہیڈ کوارٹر دبئی (عرب امارات) میں بنایا۔ اب وہاٹس ایپ کے کئی حریف میدان میں تھے، کمپنی کو بچانے کے لیئے ۲۰۱۳ میں سیکوا نے ۵۰ ملین ڈالر لگائے مگر نامناسب حالات میں وہاٹس ایپ کو فیس بک کے ہاتھوں ۲۰۱۴ میں بیچنا پڑا۔ دلچسپ بات یہ ہے کہ وہاٹس ایپ کے بانیوں نے کبھی فیس بک میں نوکری کے لیئے کوشش کی تھی اور ناکام ہوئے تھے۔

اب الفاظ کے کاغذی پیرہن سے آراستہ خطوط کا دور خواب کی بات ہو گئی ہے، آپ کو کبھی خط لکھنے کا خیال بھی ہو اتو سڑک پر لیٹر باکس تلاش کرنے پر مایوسی ہو گی، لیٹر باکس نہیں ملیں گے۔

آج مراسلاتی نظام نے بے حد ترقی کر لی ہے۔ وہاٹس ایپ اور دوسرے ایپ نے ساری دنیا کو ایک چھوٹے سے کمرے میں قید کر لیا ہے۔ موبائل سیٹ اور تیز رفتار

انٹرنیٹ نے ادب صحافت، فلم، اسپورٹ، فنون لطیفہ۔۔۔ غرض دنیا کا سارا علم آپ کی مٹھی میں بند کر دیا ہے۔ اب ویڈیو پر براہ راست گفتگو میٹنگ عام ہوتی جا رہی ہیں۔ Zoom نے تو اس لاک ڈاؤن کے ماحول میں مشاعرے، سیمینار اور بچوں کی کلاسیں بھی موبائل ایپ پر دکھا دیا۔

اب دیکھیے کہ مستقبل میں اس ترقی کی نیا سنگ میل کیا ہوگا؟؟!!

The story of text messages. Essay by: Mehboob Khan

***

۳

شور نہ کیجیے

یوسف ناظم

شہروں اور خاص طور پر بڑے شہروں میں سکون اور اطمینان قلب کی کوئی جگہ ڈھونڈنا ایسا ہی ہے جیسے کسی ادبی رسالے کے خاص نمبر میں کسی خاص بات کی تلاش۔

شہروں میں بہرحال ایک ایسی جگہ ہوتی ہے جہاں سناٹا ہوا کرتا ہے۔ یہ جگہ لائبریری کہلاتی ہے۔ اکثر لائبریریوں میں تو ہُو کا عالم رہتا ہے۔ لائبریری وہ مقام ہے جہاں لائبریرین کے سوا کوئی نہیں جاتا۔ لائبریرین بے چارا بھی وہاں جانے پر اس لئے مجبور ہے کہ اسے اس کام کی تنخواہ ملتی ہے (مشہور تو یہی ہے کہ اسے تنخواہ بھی دی جاتی ہے)۔ بعض لوگوں کا خیال ہے کہ یہ شخص بھی بس کبھی کبھی ہی وہاں جاتا ہے (اتنی عقل تو اس میں ہونی ہی چاہئے) لائبریری میں آپ بیٹھیں تو ایسا معلوم ہوتا ہے جیسے ایلورا کے کسی غار میں بیٹھے ہوئے ہیں (یہ مثال ان دنوں کے لئے ہے جب سیاحوں کا موسم نہ ہو) ذات کی تنہائی کے لئے کسی تنہا یا ویران مقام کی ضرورت تو نہیں ہوا کرتی لیکن ضرورت پڑنے پر لائبریری ہی کا رخ کرنا چاہئے۔

کہتے ہیں ایک کیبرے ڈانسر سے کسی دانشور نے پوچھا کہ تم اتنی پڑھی لکھی ہو اور ایسے گھٹیا ہوٹل میں ڈانس کرنے آتی ہو، اس کی کیا وجہ ہے؟

ڈانسر نے جواب دیا کہ اسے پڑھے لکھے لوگوں سے ملنے کا بڑا شوق تھا اور اس نے اسی شوق کی خاطر ایک لائبریری میں ملازمت بھی کی تھی لیکن وہاں کسی اعلیٰ تعلیم یافتہ شخص سے اس کی کبھی ملاقات نہیں ہوئی اور جب سے اس نے اس گھٹیا ہوٹل میں آنا شروع کیا ہے، وہ شہر کے ہر دانشور سے مل چکی ہے۔

کیا تعجب، یہ بات صحیح ہو کیونکہ کیبرے ڈانسر کو کوئی چیز پوشیدہ رکھنے کی ضرورت بھی کیا ہے۔

کسی مصنف کی کتاب کا فٹ پاتھ پر پہنچ جانا پہلے بہت برا سمجھا جاتا تھا (فٹ پاتھ کو لوگ نہایت ناقص قسم کی چیز سمجھتے ہیں اور اس پر چلنا بھی گوارا نہیں کرتے، وہ ہمیشہ سڑک کے بیچ میں چلا کرتے ہیں) لیکن اب اگر کسی مصنف کی کتاب، کسی لائبریری مین پہنچ جائے تو اسے اس کی سب سے بڑی بد قسمتی سمجھا جاتا ہے۔ فٹ پاتھ پر کتاب رکھی رہے تو کیا تعجب بھولے بھٹکے کسی کی نظر اس پر پڑ جائے بلکہ یہ فٹ پاتھ پر پہنچتی ہی اس وقت ہے جب یہ پڑھی جا چکتی ہے (کتاب کا سکنڈ ہینڈ ہونا بڑی عزت کی بات ہے)۔ لائبریری کی الماری میں بڑے اہتمام اور قرینے سے سجی ہوئی کتاب تو آج ۲۵، ۳۰ سال پہلے کی اس پردہ نشین خاتون کی طرح ہوتی ہے جس کے آنچل کی ہلکی سی جھلک بھی نظر آجاتی تو طوفان کھڑا ہو جاتا تھا (اس زمانے میں چونکہ الیکشن کے امیدوار وغیرہ نہیں ہوا کرتے تھے اس لئے ایسی ہی چیزیں کھڑی ہوا کرتی تھیں) ان کتابوں کا آنچل بھی کبھی نہیں میلا ہوا کرتا۔ حالانکہ کتابوں کے گرد پوش آج کل اتنے نفیس اور خوبصورت ہوتے ہیں کہ کم سے کم انہیں تو دیکھا ہی جاسکتا ہے لیکن صرف گرد پوش دیکھنے کے لئے لائبریری کون جائے۔ آرٹ گیلری اس کام کے لئے بہتر جگہ ہے۔ اگر مصنف خود ہی لائبریری جاکر اپ نے ہی نام اپنی کتاب نہ نکلوائے تو کتاب میں رکھا ہوا کارڈ، اس کی

قسمت ہی کی طرح معرّی رہے۔ (اس میں ایک اور فائدہ یہ ہے کہ اگر ناحسن اتفاق سے یہ کتاب کسی اور پڑھ لی ہے تو مصنف کو اپنے بارے میں اس معزز شخص کی رائے بھی معلوم ہو جائے گی۔ یہ رائے کتاب میں جگہ جگہ درج ہو گی کیونکہ لائبریری کی ہر کتاب، کتاب الرائے ہوا کرتی ہے۔

پڑھے لکھے لوگوں نے ان دنوں اپنی اپنی ذاتی لائبریریاں بنالی ہیں۔ ان لائبریریوں میں گم شدہ اور مسروقہ کتابوں کا نایاب ذخیرہ ہوتا ہے، لیکن الماریاں بہر حال ان کی اپنی ہوتی ہیں۔ اس میں ان کی مجبوری کو دخل ہے کیونکہ کتابیں تو مستعار مل جاتی لیکن الماریوں کے معاملے میں یہ طریقہ ابھی شروع نہیں ہوا ہے۔ (ہمارے پسماندہ ہونے کا یہ بھی ایک ثبوت ہے) گھریلو لائبریری قائم کرنے والوں کو اتنی قربانی تو دینی ہی چاہئے۔ ذاتی لائبریری میں مختلف ترکیبوں سے جمع کی ہوئی کتابوں کا پڑھا جانا ضروری نہیں۔ کبھی کبھی انہیں جھٹک کر ٹھیک سے رکھ دینا کافی ہے (بعض لوگ ان کی طرف سال میں ایک آدھ مرتبہ نظر اٹھا کر دیکھ لینا بھی کافی سمجھتے ہیں) ان لوگوں کی بات البتہ الگ ہے جو خود کے لئے نہیں دوسروں کے لئے مطالعہ فرمایا کرتے ہیں۔ یہ لوگ ایک کتاب پڑھ کر جب تک دوسروں سے اپنے مطالعے کا انتقام نہیں لے لیتے، انہیں بلڈ پریشر رہتا ہے۔ یہ سمجھتے ہیں اگر انہوں نے ایسا نہیں کیا تو ان کی ازدواجی زندگی میں فتور آجائے گا۔ پڑھتے تو خیر یہ دوسروں کے لئے ہیں لیکن لکھتے خود کے لئے ہیں۔ احتیاط یہ ہوتی ہے کہ کوئی دوسرا سمجھ نہ لے۔ ان کی تصنیف میں ان کا اپنا حصہ ہی ہوتا ہے جتنا سمندر میں خشکی کا (اتنا اکثیر حصہ معمولی بات نہیں) یہ لوگ بہر حال ان مصنفوں سے بہتر ہوتے ہیں جو صرف لکھنا جانتے ہیں پڑھنا نہیں۔

لائبریریوں میں پہلے جگہ جگہ یہ ہدایت لکھی ہوتی تھی کہ شور نہ کیجئے۔ شور نہ کیجئے۔

اب ان ہدایتوں کی ضرورت باقی نہیں رہی۔ ضرورت تو ہے لیکن مشکل یہ ہے کہ ابابیلیں نوٹسیں نہیں پڑھا کرتیں۔

Shor naa kijiye, Keep silence in library, Light-Essay by: Yusuf Nazim.

***

۴

حیدرآباد کا تغرافیہ

نریندر لوتھر

نریندر لوتھر (پیدائش: ۲۳/مارچ ۱۹۳۲، ہوشیار پور پنجاب - وفات: ۲۰/جنوری ۲۰۲۱، حیدرآباد) - حیدرآباد کے ایک ممتاز ادیب، مزاح نگار اور مورخ رہے ہیں۔ اردو میں ان کی تحریر کردہ ۴ اور انگریزی میں ۱۱ کتابیں طبع ہو چکی ہیں۔ مختلف اخبار و رسائل میں ان کے ایک ہزار سے زائد مضامین و کالم شائع ہوئے ہیں۔ جہاں حیدرآباد کی ادبی سرگرمیوں میں نریندر لوتھر کا اہم رول رہا وہیں حیدرآباد کی تاریخ پر ان کی تحریریں کافی مقبول بھی ہوئی ہیں۔ بیسویں صدی کی آٹھویں دہائی میں، حیدرآباد پر تحریر کردہ ان کا ایک انشائیہ بعنوان "حیدرآباد کا تغرافیہ" بین الاقوامی سطح پر بے حد مقبول ہوا ہے۔ سائبر دنیا میں پہلی مرتبہ تعمیر نیوز کے ذریعے تحریری شکل میں پیش خدمت ہے۔

تغرافیہ۔۔ ایک نئی اصطلاح ہے جو تاریخ اور جغرافیہ کو ملا کر بنائی گئی ہے اس کے تحت تاریخ و جغرافیہ کے علاوہ تہذیب و تمدن اور سیاسی و اقتصادی پہلوؤں پر بھی روشنی ڈالی جاسکتی ہے۔ طویل عرصہ سے حیدرآباد پر ایک جامع اور مستند مضمون کی کمی محسوس کی جارہی تھی۔ یہ مضمون اس امید کے ساتھ لکھا گیا ہے کہ اس کو پڑھ کر یہ کمی اور بھی شدت کے ساتھ محسوس کی جائے گی۔

حیدرآباد اصل میں ایک مونث بستی تھی جو بعد میں مذکر شہر بن گیا۔ اس کا اصلی نام "بھاگیہ نگر" تھا۔ جب اس کی سیکس بدلی تو یہ "حیدرآباد" بن گیا۔ اس طرح جنس کی اس پیمانہ پر تبدیلی کا معجزہ پہلی بار یہیں ہوا۔ آج کل کے اوچھے سائنسداں اکے دکے کیس میں سیکس بدل کر اپنے آپ کو بڑے تیس مار خاں سمجھتے ہیں۔ یہ بہت کم لوگوں کو معلوم ہے کہ صدیوں پہلے ہندوستان میں ایک پورے شہر کی سیکس بدل دی گئی تھی۔ یہاں کے لوگوں کو اب بھی یہی خدشہ لگا رہتا ہے کہ کہیں دوبارہ پھر ویسی ہی تبدیلی نہ واقع ہو جائے۔ اس لئے وہ کسی قسم کے جنسی تذکرے سے احتراز کرتے ہیں۔ آپ نے یہ بھی نوٹ کیا ہوگا کہ یہاں کے پرانے خاندانوں کی بیگمات اور امیر زادیاں ابھی تک اپنے آپ کو جنس مذکر مان کر بات کرتی ہیں، مثلاً "میں وہاں گیا"۔۔۔ "میں آپ کو دکھاؤں گا"۔ وغیرہ وغیرہ۔

حیدرآباد بہت خوبصورت شہر ہے، لیکن افسوس ہے کہ اس کو لاثانی نہیں کہا جاسکتا کیوں کہ اس نام کا ایک اور شہر پاکستان کے صوبہ سندھ میں بھی واقع ہے۔ آزادی سے پہلے جب سندھ، ہندوستان کا ایک صوبہ تھا، ان دونوں شہروں میں امتیاز کرنے کے لئے ہمارے شہر کو دکن کا تخلص دیا گیا تھا۔ (اس کے سود مند نتائج کا ذکر بعد میں کیا گیا ہے)۔ تقسیم ہند سے پہلے ان دونوں شہروں میں کافی کنفیوژن (CONFUSION) رہتا تھا۔ اکثر مسافر حیدرآباد سندھ کا ٹکٹ لے کر گاڑی میں بیٹھتے تو حیدرآباد دکن آ پہنچتے۔ مشہور شاعر جوش ملیح آبادی کے ساتھ بھی ایسا ہی ہوا۔ (نتیجتاً وہ بے چارے دس پندرہ سال کی تاخیر کے بعد اپنی منزل مقصود تک پہنچے) اس افراتفری سے بچنے کے لئے تقسیم ہند کے وقت سندھی حیدراباد پاکستان کو دے دیا گیا اور اس کے بدلے کچھ سندھیوں کو لے لیا گیا۔ اس امر کے بارے میں اختلاف رائے ہے کہ یہ حیدرآباد پہلے قائم ہوا یا سندھ کا

حیدرآباد۔ اب چونکہ وہ حیدرآباد ہمارے ملک میں نہیں اس لئے ہمیں یہ کہنے میں کوئی گریز نہیں ہونا چاہئے کہ وہ حیدرآباد پرانا ہے اور ہمارا حیدرآباد نیا۔ اس لئے یہ زیادہ خوبصورت بھی ہے۔ کئی مورخین کی رائے ہے کہ بانی شہر محمد قلی قطب شاہ نے اپنے ماہر معماروں کو ڈیپوٹیشن پر سندھ بھیجا تاکہ وہ وہاں کے حیدرآباد کا بغور مطالعہ کر کے یہاں کے لئے ایک ایسے شہر کا منصوبہ بنائیں جس میں اس شہر کی کوئی بھی خامی نہ ہو۔ ان ماہروں کو یہاں کے لئے نئی خامیوں کی تلاش میں کافی محنت کرنی پڑی۔ اس محنت کے صلے میں ان کو ڈبل ٹی۔ اے اور ڈی۔ اے منظور کیا گیا۔

محمد قلی قطب شاہ کو عمارتیں بنوانے کا بہت شوق تھا، ایک بار جب وہ دلی گیا تو شوق شوق میں اس نے ایک بہت اونچا مینار بنا دیا۔ جسے آج کل قطب مینار کہتے ہیں۔ جب یہاں کی رعایا کو یہ بات معلوم ہوئی تو ان میں غیض و غضب کی ایک لہر دوڑ گئی کہ اپنے شہر کو چھوڑ کر دلی میں مینار بنوانے کا کیا مطلب۔ بادشاہ نے دلی والے آرکٹیکٹ کو بلا کر اسے یہاں بھی ویسا ہی مینار بنانے کو کہا۔ لیکن قطب مینار بناتے بناتے وہ آرکیٹکٹ بے چارہ بوڑھا ہو گیا تھا، اور اب اس میں اس بلندی پر پہنچے کی سکت نہیں رہ گئی تھی جب اس نے اپنی معذوری ظاہر کی تو بادشاہ نے کہا کوئی مضائقہ نہیں تم چار چھوٹے چھوٹے مینار بنا دو ہم کسی اور نوجوان آرکٹیکٹ کو کہہ دیں گے کہ وہ ان کو ایک دوسرے کے اوپر کھڑا کر کے ایک اونچا مینار تیار کر دے۔ جب چاروں مینار علیحدہ علیحدہ تیار ہو گئے تو ایک مدبر نے صلاح دی کہ عالم پناہ آپ کیوں نہ چار مینار علیحدہ علیحدہ ہی رہنے دیں۔ اس طرح آپ رعایا کو کہہ سکتے ہیں کہ اگر آپ نے دلی میں ایک مینار بنوایا تو یہاں کے لوگوں کے لئے چار مینار بنوائے۔ اس کے علاوہ آپ کے نام کے چار حصوں یعنی محمد، قلی، قطب اور شاہ کے لئے ایک ایک مینار یادگار رہے گا۔ بادشاہ کو یہ صلاح پسند آئی اور اس نے نہ صرف فوری

طور پر اس کی شخصیت کو چار چاند بلکہ چار مینار لگ گئے اور ہمیشہ کے لئے اس کا نام امر ہو جانے کا امکان پیدا ہو گیا۔ اس مدبر کو ایسی صلاح دینے کی پاداش میں پدم بھوشن کے خطاب سے نوازا گیا۔ اور اس طرح حیدرآباد کا امتیازی نشان وجود میں آیا۔

چار مینار کی دھوم جب دلی تک پہنچی تو مغل بادشاہ اورنگ زیب کے دل میں اسے دیکھنے کی شدید خواہش پیدا ہوئی اس نے جب دکن کے دورہ کا پروگرام بنایا تو اس کا سپہ سالار اور فوج کے ہزاروں سپاہی سیاحت کے شوق میں اس کے ساتھ ہوئے، یہاں ٹورسٹ لوگوں کا رش اتنا تھا کہ اورنگ زیب کو چھ مہینے انتظار کرنا پڑا۔ بے تاب ہو کر اس نے شہر پر دھاوا بول دیا۔ یہ عمارت دیکھی تو اتنی پسند آئی کہ سات سال تک یہیں ٹکا رہا۔ آخر چار مینار کی تصویر دل میں لئے ہوئے وہ دکن میں ہی اللہ کو پیارا ہو گیا۔

مغلوں کے ایک صوبیدار آصف جاہ نے خود مختاری کا اعلان کر کے یہاں آصف جاہی خاندان کی بنیاد رکھی۔ لیکن مغلوں کے تئیں وفاداری دکھانے کے لئے اس نے اپنا لقب نظام ہی رکھا۔ دیسی ریاستوں کے راجاؤں کو انگریزی سرکار نے ہز ہائی نس کے خطاب سے نوازا تھا۔ لیکن چوں کہ حیدرآباد سطح مرتفع ہے اور یہاں کی سطح دوسری ریاستوں کے مقابلہ میں اونچی یعنی ایگزالٹڈ [Exalted] ہے۔ اسلئے نظام کو محض جغرافیہ کی بناء پر ہز ایکزالٹڈ ہائی نس کا خطاب دیا گیا۔

یہاں کے ایک نظام نے عثمانیہ یونیورسٹی کی بنیاد رکھی۔ اس یونیورسٹی کی خاص خوبی یہ تھی کہ یہاں کا ذریعہ تعلیم اردو تھا اور اردو کے علاوہ تمام مضامین اردو میں پڑھائے جاتے تھے۔ جب اردو کے طلبہ نے اپجی ٹیشن کیا کہ انہیں بھی اس زبان میں تعلیم حاصل ہونی چاہئے تو حکومت نے ذریعہ تعلیم بدل کر انگریزی کر دیا۔ یہاں کے پرانے طلبا آج تک انگریزی بھی اردو میں بولتے ہیں۔ آج کل اس یونیورسٹی کا ذریعہ تعلیم ایجی ٹیشن ہے

اور ہر مضمون اس کے ذریعہ پڑھایا جاتا ہے، دور دراز سے طلبا یہاں یہ مضمون پڑھنے آتے ہیں۔

حیدرآباد میں کئی زبانیں بولی جاتی ہیں، لیکن سمجھی کوئی نہیں جاتی۔ یہ اس لئے کہ ہر زبان میں دوسری زبانوں کا رنگ زیادہ ہے۔ مثلاً تلگو میں اردو اور مراٹھی کے الفاظ کی بھرمار ہے اور اردو میں کنڑا، تلنگی اور مراٹھی اصطلاحوں کی بہتات ہے۔ اس لئے یہاں ایک زبان سمجھنے کے لئے تین زبانوں میں مہارت لازمی ہے۔ اس حساب سے ظاہر ہے کہ تینوں زبانوں کو جاننے کے لئے نو زبانوں پر عبور کی ضرورت ہو گی اس لئے لوگوں کا خیال ہے کہ اس ریاست کو دو حصوں میں بانٹ دینا چاہئے ایک میں تلگو زبان رائج ہو گی اور دوسرے میں بھی تلگو۔

ہم نے اوپر لکھا ہے کہ سندھی حیدرآباد سے امتیاز کرنے کے لئے اس شہر کو دکن کا تخلص دیا گیا تھا۔ اس کا ایک اثر یہ ہوا کہ یہاں بے شمار شاعر پیدا ہو گئے۔

حیدرآباد کا بانی محمد قلی قطب شاہ اردو کا پہلا صاحب دیوان شاعر تھا۔ اس نے اتنے شعر کہے ہیں کہ اس کو ایک تخلص کافی نہیں تھا۔ اس لئے اس نے تین تخلص رکھے۔ قطب شاہ، معانی اور ترکمان۔ اس کے بعد روایتاً ہر بادشاہ کو شعر کہنا لازمی ہو گیا۔ لیکن ان بادشاہوں کی شاعری میں وہ بات نہیں جو قلی میں ہے۔ وہ بادشاہ چوں کی اصلاً قلی تھا اس لئے اس کی شاعری غریبوں، مزدوروں اور قلیوں کے جذبات کی عکاسی کرتی ہے۔ اس کی زیادہ تر شاعری پنجابی میں ہے، اس طرح اس نے طبقاتی لسانی اور علاقائی رواداری کی بنیاد رکھی، آج کل اس کی شاعری کو یہاں کوئی نہیں سمجھتا۔

حیدرآباد نے بہت بڑے بڑے شاعر اور ادیب پیدا کئے لیکن ان میں سے کوئی لافانی نہیں ہو سکا کیونکہ یکے بعد دیگرے سب مر گئے۔ سائنس دانوں کا خیال ہے کہ

یہاں کی مٹی میں کچھ ایسی بات ہے کہ جو شاعر اور ادیب یہاں پیدا ہوتا ہے وہ ایک نہ ایک دن مر جاتا ہے۔ اس لئے کئی شاعر یہاں سے ہجرت کر گئے۔ اب جب کہ اس شہر کا تخلص منسوخ کر دیا گیا ہے، شاعری کو بھی کافی نقصان پہنچا ہے تاہم دکنی شاعری اب بھی بہت مقبول ہے۔ اور مشاعرے اب بھی بہت کامیاب رہتے ہیں۔ جب بھی شکیلہ بانو بھوپالی دوسرے شعرا کا کلام پیش کرتی ہے تو بے پناہ ہجوم ہوتا ہے۔

اب یہاں کے جغرافیہ کے بارے میں چند اہم معلومات پیش ہیں۔

حیدرآباد کا محل وقوع بہت ہی عمدہ ہے، ایک طرف شمال، دوسری طرف مشرق، تیسری طرف مغرب اور چوتھی طرف جنوب ہے۔ سب سے زیادہ جنوب ہے اس لئے بھی اسے دکن کہا جاتا ہے۔ "وقوع" کے مقابلہ میں یہاں محل زیادہ ہیں۔ محلات شاہی میں چار محل، چو محلہ اور فلک نما زیادہ مشہور ہیں۔ عموماً شہر دریا کے کنارے واقع ہوتے ہیں، اس روایت کو پیش نظر رکھ کر اس شہر کے کنارے ایک دریا بہانے کی کوشش کی گئی تھی، اس کو موسی ندی کہا جاتا ہے۔ یہ دریا ابھی تک پوری طرح آباد نہیں ہوا۔ اس میں پانی برائے نام ہے اور چٹانوں، کائی اور گھاس کی بھرمار ہے۔ چٹانوں کو توڑنے کا ٹھیکہ دھوبیوں کو دیا گیا ہے۔ جو انہیں کپڑوں سے توڑتے ہیں۔ کپڑے سکھانے کی سہولت کے لئے دریا پر جابجا پل بنائے گئے ہیں۔ ایک پل پر صرف چادریں سکھائی جاتی ہیں۔ اس کا نام چادر گھاٹ پل ہے۔ اس طرح پرانے پل پر پرانے کپڑے سکھائے جاتے ہیں اور نئے پل پر صرف ٹیری لین کے نئے کپڑے۔ مسلم جنگ پل پر ایکس سرویس مین مسلمان سکھائے جاتے ہیں۔ یہ نام نہاد دریا ۵۰ سال میں صرف ایک بار دریا بنتا ہے باقی وقت دھوبی گھاٹ کا کام دیتا ہے۔ جب یہ دریا بنتا ہے تو بڑا غضب ڈھاتا ہے۔ ۱۹۰۸ء میں اور پھر ایک بار ۱۹۷۰ء میں اس کے پانی سے بہت تباہی آئی تھی۔ اب امید ہے کہ اس صدی

کی طغیانیوں کا کوٹا پورا ہو گیا ہو گا۔

دریا کے ایک کنارے پر ہسپتال ہے اور دوسرے کنارے ہائی کورٹ۔ فوجداری کیسوں کے شکاروں کو پہلے ہسپتال کی طرف رجوع کیا جاتا ہے۔ علاج معالجہ کے بعد عدالت میں پیش کیا جاتا ہے۔ اگر وہ ان دونوں جگہوں سے زندہ بچ جائیں تو انہیں جیل بھیج دیا جاتا ہے۔ جو ہائی کورٹ سے تھوڑے فاصلہ پر واقع ہے۔

یہاں کے بازار اور سڑکیں کشادہ ہیں، مرکزی شاہراہ اتنی لمبی ہے کہ اس کے ایک ایک حصہ کا علیحدہ علیحدہ نام رکھا گیا ہے۔ چار مینار کے پاس کا نام پتھر گٹھی ہے۔ دریا پار کر کے اس کا نام افضل گنج اور عثمان گنج بن جاتا ہے۔ معظم جاہی مارکٹ کے بعد وہ جواہر لعل نہرو سڑک بن جاتی ہے۔ اس کے بعد عابد روڈ، بشیر باغ، پھر کتہ حسین ساگر، وہاں پہنچ کر ایک شاخ مہاتما گاندھی بن جاتی ہے اور دوسری راشٹر پتی۔ راشٹر پتی سے بچ کر جو حصہ سکندرآباد کی چھاؤنی میں داخل ہو جاتا ہے اسے بریگیڈیر سعید کی وردی پہننا پڑتی ہے۔ اس کے بعد سنا ہے کہ وہ سڑک نظام آباد چلی جاتی ہے۔ لیکن میں کئی بار اس سڑک پر گیا ہوں میں نے تو اسے کہیں بھی جاتے نہیں دیکھا۔ وہیں کی وہیں پڑی ہے۔ اس شاہراہ کے علاوہ بے شمار اور سڑکیں ہیں لیکن فی الوقت ہمارے پاس ان کے نام لکھنے کی گنجائش نہیں۔ مرکزی شاہراہ اتنی کشادہ ہے کہ دس رکشا بازو بازو چل سکتے ہیں اور پھر بھی بس کے لئے جگہ رہ جاتی ہے۔ یہاں کی رکشا بہت چھوٹی اور بسیں بہت لمبی اور اونچی ہوتی ہیں۔

حیدرآباد کی روڈ ٹرانسپورٹ کارپوریشن کی آدھی بسوں کے انجن چوری ہو گئے ہیں، اس لئے ان کو دوسری بسوں کے پیچھے باندھ کر چلایا جاتا ہے۔ کئی بار پچھلی بندھی ہوئی بسوں نے بور ہو کر بندھن تڑوا کر بھاگنے کی بھی کوشش کی ہے۔ دو منزلہ بسیں یہاں

بہت عام ہیں۔ یہاں کی بسوں کی دو خوبیاں ہیں، دو منزلوں میں سے ایک منزل کے مسافر فری سفر کرتے ہیں۔ بسوں کے رکنے کا سسٹم مسافروں کی صحت کی ضرورت کو ملحوظ رکھ کر بنایا گیا ہے۔ روڈ کارپوریشن نے جگہ جگہ اسٹانڈ بنائے ہیں۔ ان کو کہا تو جاتا ہے بس اسٹانڈ لیکن یہ ہوتے اصل میں پبلک اسٹانڈ ہیں۔ لوگ یہاں کھڑے رہتے ہیں، بس یا تو اس سے کچھ پہلے ہی یا اس کے کچھ فاصلہ آگے ہی رکتی ہے۔ مسافروں کو وہاں تک بھاگ کر بس پکڑنی پڑتی ہے۔ اس جبری کسرت کی وجہ سے حیدرآباد کی جنتا کی صحت دوسرے شہروں کے رہنے والوں سے بہتر ہے۔ کرایہ دینے کے بھی یہاں دو سسٹم ہیں اگر آپ ٹکٹ خریدنا چاہتے ہیں تو کرایہ پورا لگتا ہے اگر آپ ٹکٹ خریدنے پر اصرار نہ کریں تو آپ آدھے کرایہ پر ہی سفر کرسکتے ہیں۔ یہ اس لئے ہے کہ اس سے کمپنی کے ٹکٹیں چھپوانے کا خرچ بچتا ہے۔ چھوٹا موٹا چینج کنڈکٹر خود ہی ٹپ کے طور پر رکھ لیتا ہے۔ یہی وجہ ہے کہ یہاں کا بس سسٹم ہندوستان میں سب سے زیادہ 'انقارمل' اور سستا ہے۔ یہاں کی بسیں بہت دندنا کر چلتی ہیں اور خوب دھواں چھوڑتی ہیں اس سے کم بینائی اور اونچا سننے والے لوگوں کو بھی پتہ چل جاتا ہے کہ بس کدھر اور کب گئی۔ اب چونکہ بسوں پر ٹرافک اور بھی بڑھ رہی ہے اسل ئے تجویز ہے کہ تین یا چار منزلہ بسیں بنائی جائیں، اس سے سفر اور بھی سستا ہو جائے گا۔

حیدرآباد کے مختلف محلوں کے نام جسم کے حصوں یا بیماریوں پر رکھے گئے ہیں۔ مثلاً امیر پیٹ، بیگم پیٹ، رحیم پیٹ، وغیرہ۔ بلغم پیٹ بھی ایک محلہ کا نام ہے، نئی آبادیوں کے نام جسم کے دوسرے حصوں پر رکھے جائیں گے۔ کچھ اور نام مندرجہ ذیل ہیں۔

ماما جمیلہ کی دیوڑھی، چیلہ پورہ، گھاسی میاں بازار، کوکا کی ٹٹی، گھوڑے کی قبر، زچہ کی قبر، سلیمان جاہ کی چاوڑی، چوک مرغاں۔

شہر کے اطراف کئی خوبصورت جھیلیں ہیں۔ ایک جھیل حیدرآباد اور سکندرآباد کے درمیان واقع ہے۔ ان جھیلوں کو ساگر کہا جاتا ہے۔ امرود کو جام کہتے ہیں۔ روایت ہے کہ امرود کھا کر اگر کسی جھیل کا پانی پی لیا جائے تو وہی نشہ چڑھتا ہے جو جام نوش کرنے پر آتا ہے۔

اب ایک راز کی بات بتاتا ہوں، حیدرآباد دراصل دو شہر ہیں۔ ایک حصہ کا نام حیدرآباد اور دوسرے کا نام سکندرآباد۔ دونوں کو جڑواں شہر بھی کہا جاسکتا ہے۔ ظاہر ہے کہ سکندرآباد، سکندر اعظم کے نام پر آباد ہوا تھا۔ سکندر ہندوستان کا پہلا یوروپین حملہ آور تھا۔ پورس سے لڑائی کے بعد وہ حیدرآباد آیا، یہاں اس نے یونانی دواخانے کا سنگ بنیاد رکھا۔ اور اس کے لئے یونانی اکسپرٹ اور فارین ایڈ دینے کا وعدہ کیا۔ یہ دواخانہ اب بھی چار مینار کے بازو قائم ہے۔ سنگ بنیاد کی رسم کے بعد سکندر اعظم کے اعزاز میں پریڈ گراؤنڈ میں شاندار پریڈ ہوئی۔ اور ساتھ ہی اس شہر کا نام سکندرآباد رکھا گیا۔ یونانی فاتح بجائے خوش ہونے کے معترض ہوا کہ اس کا پورا نام سکندر اعظم ہے اور شہر کا نام صرف سکندرآباد رکھا گیا ہے۔ اس کمی کی تلافی کے لئے فیصلہ ہوا کہ حملہ آور کے خطاب پر ایک محلہ کا نام اعظم پورہ رکھ دیا جائے۔ تب کہیں جاکر ہمارے معزز حملہ آور کی تسلی ہوئی۔ اور وہ یہاں سے واپس چلا گیا۔ اس دن سے آج تک اس آمد کی یادگار میں سکندرآباد پریڈ گراؤنڈ پر ہر سال دوبار پریڈ ہوتی ہے، ایک گرمیوں میں اور ایک سردیوں میں۔

ان جڑواں شہروں کی آبادی تقریباً بیس (۲۰) لاکھ ہے۔ پچھلی مردم شماری کے اعداد وشمار کے مطابق غیر شادی شدہ طبقے میں مردوں کے مقابلہ میں عورتوں کی تعداد کم ہے۔ اس کی وجہ یہ ہے کہ پچھلے پچاس سالوں میں عورتوں کی شادیاں زیادہ ہوئی ہیں، اب حیدرآباد کے نئے کلکٹر نے احکام جاری کر دئے ہیں کہ جہاں تک ممکن ہو عورتوں اور

مردوں کی شادیاں بیک وقت ہوں۔ اس سے خرچ میں بھی بچت ہوگی اور توقع کی جاتی ہے کہ اگلی مردم شماری تک دونوں کی تعداد میں توازن پیدا ہو جائے گا۔

حیدرآباد کی آب و ہوا اور غذا میں ایک خاص اثر پایا جاتا ہے جس سے یہاں کے لوگوں کی یادداشت کمزور ہو جاتی ہے ، وہ اپنے ماضی کے بارے میں صرف کل اور پرسوں تک ہی یاد رکھ سکتے ہیں۔ اس سے پہلے کے واقعات پرسوں تک ہی منجمد ہو کر رہ جاتے ہیں۔ کوئی واقعہ دو دن پہلے ہوا ہو یا پچاس سال پہلے، پرسوں کی بات ہی کہا جاتا ہے، اکثر بزرگ ۱۹۰۸ء کی باڑھ کو بھی پرسوں کی طغیانی کہتے ہیں۔

یہاں کے لوگ بڑے ملنسار اور خوش طبع ہیں۔ برتاؤ میں بڑے سلیقہ شعار ہیں۔ ایسے لوگ گورنر اچھے بنتے ہیں اس لئے یہاں کے کئی معزز شہری گورنر بنا کر دوسرے صوبوں کو برآمد کئے جاتے ہیں۔ سروجنی نائیڈو، پدمجا نائیڈو، رام کرشنا راؤ، سری نگیش ،علی یاور جنگ ، گوپال ریڈی اور اکبر علی خاں یہیں سے گورنر بن کر گئے۔ یہاں کے بنائے ہوئے گورنر اترپردیش میں خاص طور پر پسند کئے جاتے ہیں۔

حیدرآباد جو بھی آتا ہے اسے اپنا لیتا ہے۔ یہاں کی مٹی ہر شخص کو اپنے وطن کی مٹی لگتی ہے۔ اس لئے یہاں ہندوستان کے ہر کونے سے بلکہ دوسرے ممالک سے بھی لوگ آ کر بس گئے اور جانے کا نام تک نہیں لیتے۔ جنوب کے لوگ اسے حد جنوب مانتے ہیں شمال کے لوگ اسے خطۂ شمال سمجھتے ہیں۔ یہاں کے پرانے شہر میں بغداد اور بصرہ کا ماحول ملتا ہے۔ سکندرآباد کی چھاؤنی پر اینگلو انڈین چھاپ ہے۔ کافی ہاؤس، پال گھاٹ کے لوگ چلاتے ہیں۔ چائے خانے ایرانیوں کی مونوپلی ہیں۔ ویجٹرین ہوٹل کے اکسپرٹ منگلور کے برہمن ہیں، بزنس میں مارواڑی اور سندھی پیش پیش ہیں۔ ہندو، مسلم، سکھ، عیسائی، پارسی، یہودی، ہر قسم کے لوگ ہر موسم میں پائے جاتے ہیں۔ یہ شاید اسی مذہبی علاقائی

اور تہذیبی ہم آہنگی کا نتیجہ ہے کہ یہاں زیادہ تر موسم خوشگوار اور معتدل ہوتا ہے۔ ویسے یہاں گرمیوں میں کڑاکے کی گرمی پڑتی ہے اور سردیوں میں سردی بھی خوب ہو جاتی ہے۔ برسات کے موسم میں جھڑی بھی اچھی لگتی ہے، باقی سال موسم معتدل رہتا ہے۔

حیدرآباد چھوٹے پیمانے پر ہندوستان کی تصویر ہے۔ ہمارے ملک کی طرح اس شہر میں بھی کثرت میں وحدت پائی جاتی ہے۔ یہ شہر بھی ہمارے ملک کی طرح گلہائے رنگا رنگ کا گلدستہ ہے جس کی مہک سے سارا چمن معطر ہے۔ اگر حیدرآباد جیسے آٹھ دس اور شہر ہندوستان میں آباد ہو جائیں تو یہ ملک رشک جنت ہو جائے گا۔

سنا ہے کہ پانچویں پنچسالہ منصوبے کے لئے یہ تجویز زیر غور ہے!!

Hyderabad's Tughrafia. Humorous Essay by: Narendra Luther

***

۵

ٹررے فیک: حیدرآبادی ٹریفک کی صحیح حرفی عکاسی

عابد معز

عنوان پڑھنے میں آپ کو تکلیف اور جھنجھلاہٹ ہوئی ہو گی۔ ہمارے مضمون کا عنوان "ٹریفک" ہے۔ ہم نے دانستہ طور پر ٹریفک کو 'ٹررے فیک' لکھا ہے تاکہ حیدرآبادی ٹریفک کی صحیح حرفی عکاسی ہو سکے۔ غلط املا کی طرح ہمارے شہر کی ٹریفک بھی غلط، تکلیف دہ، مشکل، بے ہنگم اور TERRIFIC (خطرناک) ہے۔

تیز اور سبک رفتاری ٹریفک کی شان ہوتی ہے۔ حیدرآبادی ٹریفک کی بات ہی کچھ اور ہے۔ تیز رفتاری دور کی رہی ہماری ٹریفک کی کوئی رفتار ہی نہیں ہے، نہ تیز اور نہ ہی سست۔ ہماری ٹریفک چلتی بھی نہیں بلکہ گرتے، اٹھتے، سنبھلتے اور آرام کرتے ہوئے رینگتی ہے اور اکثر اوقات رینگتے رینگتے تھک کر رک جاتی ہے۔

ٹریفک رکنے کی کئی وجوہات ہوتی ہیں۔ اکثر و بیشتر ٹریفک بغیر کسی وجہ کے رک جاتی ہے۔ ہمہ اقسام کی سواریاں مختلف سمتوں سے آپس میں بھڑ جاتی ہیں۔ ہر ایک سواری جلد نکلنے کی کوشش میں پھنس کر رکاوٹ کا باعث بن جاتی ہے۔ رکی ہوئی ٹریفک کو صاف

کرنے کے لئے پولس کے جوان ہارن کے شور شرابے میں بے بسی اور لاچارگی سے سیٹیاں بجاتے ہوئے ڈنڈا گھماتے ہیں۔ یہ منظر ہمیں گاؤں کی یاد دلاتا ہے جہاں بعض اوقات مختلف سمتوں سے آنے والی بھیڑ بکریوں کے جتھوں کی مڈ بھیڑ ہو جاتی ہے۔ مجبور و بے بس چرواہے آوازیں نکال کر انہیں الگ کر کے اپنی اپنی سمت لے جانا چاہتے ہیں۔

جلوس، بارات اور چار لوگوں کا مل کر ایک ساتھ چلنا ٹریفک کے لئے وبال جان ہوتا ہے۔ چند ایک دلچسپ واقعات بھی ٹریفک کو مفلوج کر دیتے ہیں جیسے کابلی خاں کا قوت باہ کے لئے حلوہ بیچتے وقت لوگوں کا ہجوم اور کھیل تماشہ کرنے والوں کے اطراف بچوں کا جمع ہونا۔ شادیوں کے موسم میں ٹریفک کی ناکہ بندی کی جاتی ہے۔ وہ سڑک جسے آپ برسوں دفتر جانے کے لئے استعمال کرتے آرہے ہیں، اچانک شامیانے میں غائب ہو جاتی ہے اور "آیا بنا آیا ہریالا بنا آیا" ریکارڈ آپ کی دلجوئی کرنے لگتا ہے۔ شادی کی تقریب میں شرکت کرتے ہوئے منزل کو جانا پڑتا ہے یا پھر کسی اور راستے سے اپنی منزل مقصود کو پہنچنا پڑتا ہے۔

ملازمین اپنے مطالبات منوانے کے لئے دفاتر کے آس پاس راستوں پر مظاہرہ کرتے ہوئے ٹریفک معطل کر دیتے ہیں۔ طلباء کا حال کچھ ان سے مختلف نہیں ہے۔ کلاس روم سے زیادہ وہ سڑکوں پر احتجاج کرتے نظر آتے ہیں۔

عام زندگی میں سوشلزم کا دور تک پتہ نہیں ہے۔ سوشلزم صرف ایک نعرہ ہے لیکن ہماری ٹریفک سوشلزم پر سختی سے عمل پیرا ہے۔ ہر قسم کی سواری کو یکساں عزت و آزادی حاصل ہے۔ بیل گاڑی کے پیچھے فیٹ کار بصد احترام رینگتی نظر آئے گی۔ ٹھیلے کے ساتھ قدم ملا کر کئی ٹن بوجھ اٹھائے لاری چلتی دکھائی دے گی۔ رکشا اور موٹر سیل میں دوڑ ہوگی۔ ہم نے ایک مرتبہ پیادے کے پیچھے کار کو چلتے ہوئے دیکھا، ایسے لگ رہا تھا جیسے

کوئی لڑکا کھلونا کار کھینچے چلا جارہا ہے۔ ہماری سوشلسٹ ٹریفک میں ہر قسم کی گاڑیاں تیز اور سست رفتار، نئی اور پرانی، آرام اور تکلیف دہ، مسافر اور مال بردار ایک ہی رفتار سے ایک ہی سڑک پر چلتی نظر آئیں گی۔ انسان اور جانور کا فرق بھی روا نہیں رکھا جاتا۔ انسان کے ساتھ جانور بھی ٹریفک کا حصہ ہوتے ہیں۔

ہماری ٹریفک شور شرابے والی ٹریفک ہے۔ پیادے سے لے کر ہر قسم کی سواری آواز کرتی ہے۔ بعض مرتبہ ٹریفک کی آواز پر صور اسرافیل کا گماں گذرتا ہے۔ گھبرا کر دیکھنے سے پتہ چلتا ہے کہ بیل گاڑی روڈ رولر کھینچتی چلی آرہی ہے۔ معمولی موٹر سیکل بھی ایسی آواز کرتی ہے جیسے مخالف ملک کا ٹینک دندناتا ہوا حملہ کرنے آرہا ہو۔ زور دار آواز سے کان کے پردے لرز اٹھتے ہیں۔ آس پاس کی عمارتیں کپکپا اٹھتی ہیں، مگر ماحول سے بے نیاز موٹر سیکل سوار ہیڈ فون لگائے انگریزی گانا سنتا اور سفر کا لطف اٹھاتا ہوا گزر جاتا ہے۔

ہماری ٹریفک کی ایک اور خوبی یہ ہے کہ سواریاں چلتے ہوئے سڑک پر کچھ نہ کچھ چھوڑتی یا گراتی ہوئی جاتی ہیں۔ ہر سواری کم سے کم دھواں ضرور چھوڑتی ہے۔ بعض انجن پر گیاس پلانٹ کا گماں ہوتا ہے۔ آپ سے گذارش ہے کہ کبھی بھی سفید اور اجلے کپڑے پہن کر کھلے بندوں حیدرآبادی ٹریفک میں نہ نکلیں۔ ہم سے اس قسم کی غلطی ایک مرتبہ ہو چکی ہے۔ ٹینوپال کا اشتہار بنے ایک سواری کے پیچھے اتراتے چل رہے تھے کہ انجن نے دھواں چھوڑا۔ کھانستے ہوئے ہم غبار ٹریفک سے نکلے تو اپنوں نے پہچاننے سے انکار کر دیا۔ سفید کپڑے تو خیر سے سیاہ ہو چکے تھے، ہمارے چہرے کی رنگت بھی کئی دن تک تبدیل رہی۔ مال بردار گاڑیاں دھواں چھوڑنے کے علاوہ اپنے مال کا کچھ نہ کچھ حصہ سڑک پر گراتی ہوئی گزرتی ہیں جس سے پیچھے آنے والوں کو کرتب بازی کرتے ہوئے بچنا

پڑتا ہے۔ چند سواریاں تیل گرا کر اپنے پیچھے آنے والی ٹریفک کو چاروں شانے چت کر دیتی ہیں۔

ہمارے شہر کی ٹریفک ممنوعہ کام کرنے پر مصر رہتی ہے۔ "نو پارکنگ" میں سواریاں ٹھیرائیں گے، غلط سمت سے راستہ چلیں گے، ممنوعہ سڑکیں استعمال کریں گے، منتخب جگہوں کو چھوڑ کر جہاں سے جی چاہے سڑک عبور کریں گے، ٹریفک سگنل پر توجہ نہیں دیں گے اور ہیلمٹ نہیں پہنیں گے۔ ٹریفک کے اصولوں کی خلاف ورزی کو روکنے اور قانون پر عمل کروانے کے لئے ٹریفک پولیس کا محکمہ ہوتا ہے۔ ٹریفک پولس سیٹی بجاتی، ڈنڈے لہراتی اور چالان کرتے ہوئے بھی ٹریفک کو ممنوعہ کام سے باز رکھنے میں ناکام ہے۔

اکثر "ٹریفک ویک" اور "ٹریفک پندرھواڑہ" منایا جاتا ہے۔ پولس عوام سے التجا کرتی ہے منت سماجت کرتی ہے۔ انہیں یقین دلاتی ہے کہ پس عوام کی دوست ہے اور وہ عوام کو سمجھانے اور منانے کے علاوہ غیرت دلانے کے لئے کمسن بچوں سے ٹریفک کنٹرول کرواتی ہے۔ پھر بھی ہم نے کبھی نہ سدھرنے کی قسم کھا رکھی ہے۔

ٹریفک نقطہ نظر سے ہم نے عوام کو دو طرح کے خیالوں کا حامی پایا ہے۔ "ٹریفک برائے زندگی" اور "زندگی برائے ٹریفک"۔ پہلے خیال کے حامی، محتاط ہوتے ہیں۔ اپنی زندگی کو ٹریفک کے شر سے محفوظ رکھنے کی کوشش کرتے ہیں۔ کم سے کم سفر کرتے ہیں۔ ڈرائیونگ کے لئے دوسروں کی خدمات کو ترجیح دیتے ہیں۔ ہمارے ایک دوست کو دفتر سے موپیڈ ملی تو انہوں نے اسے چلانے کے لیے ذاتی خرچ پر ڈرائیور رکھا ہے۔ موصوف ڈرائیور کے پیچھے سفر کرتے ہوئے ہدایات دیتے ہیں۔

ٹریفک برائے زندگی قسم کے لوگ پیدل چلتے وقت بھی گھبرائے ہوئے ہوتے

ہیں۔ چاروں طرف دیکھنے کے علاوہ اوپر بھی دیکھ کر گناہوں کی معافی مانگ لیتے ہیں۔

"زندگی برائے ٹریفک" نقطہ نظر کے حامیوں کی اکثریت نوجوانوں پر مشتمل ہے۔ زندگی کی پرواہ نہ کرتے ہوئے تیز رفتاری کا مظاہرہ کرتے ہیں جس سے خود ان کی اور دوسروں کی زندگی کو خطرہ لاحق ہوتا ہے۔ تیز رفتاری اور بے توجہی سے کوئی حادثہ نہ ہوا تو اسے ڈرائیونگ کہتے ہیں جو ایک فن ہے۔ حادثہ ہونے پر بدقسمتی پر محمول کیا جاتا ہے۔

ٹریفک کی خطرناک خوبی حادثات ہیں۔ بغیر کسی وجہ سے لے کر کئی وجوہات کی بنا پر حادثات وقوع پذیر ہوتے ہیں۔ سڑک کے کنارے لگے پوسٹر ٹریفک کی توجہ بٹورتے ہوئے حادثے کا سبب بنتے ہیں۔ ایک مرتبہ لاری ڈرائیور کی آنکھیں بوسٹر کو گھورتی رہیں ،ذہن فلمی حسینہ میں الجھا رہا اور لاری سامنے کی دکان میں گھس پڑی تھی۔

سوشلزم بھی حادثات کی ایک وجہ ہے۔ ایک حادثے میں اسکوٹر سوار نے گدھے سے ٹکرا کر ہسپتال سے اوپر کی راہ لی جبکہ گدھا دولتی جھاڑتے ہوئے ٹریفک میں گم ہو گیا۔ وجہ کچھ بھی ہو حادثے کا شکار زندگی بنتی ہے۔ ٹریفک حادثات کی ترجمانی کے لئے ایک شعر تصرف کے ساتھ پیش خدمت ہے:

ہوں تو سفر حیات کا خاصہ طویل تھا
ہم ٹریفک کی راہ سے ہو کر گزر گئے

Terrific, Hyderabad's Traffic. Humorous Essay by: Abid Moiz

***

۶

پولیوشن کا سولیوشن

جاوید نہال حشمی

حادثات و آفات اچانک رونما ہوتے ہیں۔ مگر کچھ آفات طویل مدتی نزول کا نتیجہ ہوتے ہیں۔ ماحولیاتی آلودگی ان ہی میں سے ایک ہے جس کا وجود مٹانے کے لئے گرین ٹرائی بیونل اور گرین بینچ سے لے کر گرین فیول تک کا وجود عمل میں آچکا ہے مگر اس کے باوجود ہریالی کا وجود خطرے میں ہے۔ حالانکہ ہماری ترکاریاں شروع سے ہی "آلو" دہ رہی ہیں — گوشت اور مچھلی میں آلو، پلول اور گوبھی میں آلو، سموسوں میں آلو، پراٹھوں میں آلو۔ کلکتے والوں نے تو حد کر دی۔ یہ بغیر آلو کے، بریانی کا تصور بھی نہیں کر سکتے جب کہ حیدرآبادی حیرت سے ان "آلودہ" بریانیوں کے بارے میں سوچتے رہ جاتے ہیں۔ بہر کیف، کہتے ہیں کہ انسان جب جاگے وہی سویرا۔

مگر سنا ہے دہلی والے صبح جاگ کر بھی سویرا دیکھنے سے معذور ہوتے ہیں۔ حالانکہ یہ صورتِ حال تقریباً ہر بڑے شہر کی ہے لیکن چوں کہ دہلی کو ہندوستان کا دل کہا جاتا ہے اس لئے اس میں کدورت کچھ زیادہ ہی ہے۔ اس کدورت کو نکال پھینکنے کی ضرورت کا احساس سب کو ہے۔ مگر چوں کہ اس مسئلے کا بہت قریبی تعلق مذہب سے ہے اس لئے ہم اسے عدالتوں پر نہیں چھوڑ سکتے۔ لہٰذا آستھا کا واسطہ دے کر عدالتوں کا راستہ روکنا ہم

سب کا فرض ہے۔ یہی وجہ تھی کہ گزشتہ سال جب عدالت نے پٹاخوں پر پابندی کی بات کہی تو بہتوں نے حسبِ آستھا اس کی مخالفت کی۔ ملک کے ایک معروف ناول نگار نے اسے اکثریتی طبقے کے مذہب اور ثقافت پر حملہ بتایا۔ ظاہر ہے کوئی ناستک ہی وشواش کرے گا کہ دھارمک پٹاخوں کے پوتر دھوؤں سے پھیپھڑے خراب ہوں گے۔ اگر ہو بھی گئے تو کیا ہوا، دھرم کے نام پر کھانس کر مرنا تو گورو کی بات ہے۔ اصل مسئلہ تو بے دینوں کا ہے کہ جنہیں نہ تو بھگوان کا آسرا ہے نہ ہی اللہ کا۔ انہیں اپنی حفاظت خود کرنی ہے۔ لہٰذا جب تک عدالت عقیدت پر حاوی ہو، ان کے پاس ماسک لگا کر چلنے کے سوا کوئی چارہ بھی نہیں۔ مرد اور بچے تو خیر ماسک لگا بھی لیں گے مگر خواتین کو یہ کبھی گوارا نہیں ہوگا۔ انہیں کچھ ایسا محسوس ہوگا گویا ان کے شوہروں نے ان کے بولنے پر پابندی لگا دی ہو۔ اس بے عزّتی سے تو اچھا ہوگا کہ حجاب اپنا لیا جائے۔ نتیجتاً نقاب اور حجاب کو خوب فروغ حاصل ہوگا۔

لیکن جلد ہی "لَو جہادیوں" اور "نقاب پوش آتنک وادیوں" سے سماج اور دیش کو خطرہ لاحق ہو جائے گا اور اس ثقافتی آلودگی کے سدّباب کے لئے ایک نیا قانون پاس کر کے حجاب و نقاب کو غیر قانونی قرار دے دیا جائے گا۔ لیکن ان کے متبادل ڈھونڈنے کے لئے حکومت سائنس دانوں اور ماہرینِ ماحولیات پر مشتمل ایک ایکسپرٹ کمیٹی کی تشکیل کرے گی جو اس مسئلے سے نپٹنے کی تجاویز پیش کرے گی۔ کمیٹی کی سفارشات کچھ یوں ہوں گی:

جینیٹک انجینئرز کی مدد سے ایسے پودوں کی تشکیل اور ان کے فروغ پر کام کیا جائے جو ویکیوم کلینر (Vacuum Cleaner) سے بھی زیادہ طاقت سے فضائی کاربن ڈائی آکسائیڈ اور دیگر زہریلی گیسیں اپنے اندر کھینچ سکیں۔ لیکن چوں کہ یہ ایک وقت طلب

کام ہے، لہٰذا اس دوران روایتی پودوں کی تعداد میں بے تحاشہ اضافہ کیا جائے جو پٹاخوں اور آٹو موبائل گاڑیوں نیز کارخانوں سے نکلنے والے دھوؤں کو اپنے اندر جذب کرنے کے علاوہ کھیتوں میں جلائی جانے والی گھاس کے دھوئیں بھی چوس کر فضائی آلودگی کو کسی قدر کم کر سکیں۔ اس کے لیے کارخانوں کے مالکان کو مجبور کیا جائے کہ فی چمنی پانچ پودے گملوں میں اگا کر ہر چمنی کے دہانے پر باندھ کر رکھیں۔ آٹو موبائل گاڑیوں کے ایگزاسٹ پائپ سے بھی کم از کم دو پودے بندھے ہونے چاہئیں۔ دو ایک اضافی پودے فاضل پہیوں کی طرح ہر گاڑی کے اندر ہونے چاہئیں تاکہ بکریوں کے ذریعہ چٹ کر لیے جانے پر انہیں استعمال کیا جا سکے۔

لیکن فضائی آلودگی جس رفتار سے بڑھ رہی ہے، بہت جلد ایسا وقت آنے والا ہے جب آکسیجن سیلنڈر مریضوں کے ساتھ تندرست لوگوں کے لیے بھی لازمی قرار دیا جائے گا۔ حکومت کی طرف سے مہیا چھوٹی اور ہلکی آکسیجن سیلنڈرس کو لوگ سوتے وقت اپنے سرہانے اور باہر نکلتے وقت اپنی پیٹھ پر باندھ کر نلکی منہ سے لگائے رکھیں گے۔ بچے اپنا اسکولی بستہ سامنے جھلا لیں گے تاکہ پیٹھ پر آکسیجن سیلنڈر کی جگہ نکل سکے۔ آکسیجن سیلنڈر کی سپلائی کے لئے حکومت ٹینڈر بھی جاری کر سکتی ہے۔

بہت جلد ملک کے بڑے بڑے تاجروں میں ٹنڈر حاصل کرنے کے لئے سخت مقابلہ آرائی شروع ہو جائے گی۔ رشوتوں اور گھوٹالوں کا دَور بھی شروع ہو گا۔ "بائی وَن، گٹ وَن فری" جیسے آفر بھی دیئے جائیں گے۔ مختلف کمپنیوں کے اشتہارات کچھ یوں ہوں گے:

خالص آکسیجن کے لئے یاد رکھیں۔۔۔ خالصہ آکسیجن سپلائرس۔۔۔ خالص بھی اور خلوص بھی؛

کیا آپ مہینے کے آخر میں دم پھولنے کا شکار ہوتے ہیں؟ آج ہی گھر لائیں، لانگ لاسٹنگ، میجک آکسیجن، جو دے تیس دنوں سے بھی زیادہ آرام دہ سانسیں؛

مون آکسیجن ۔۔۔ صرف نام ہی کافی ہے ۔۔۔ ہمارے آکسیجن خلاباز بھی استعمال کرتے ہیں؛

غوطہ خوروں کی من پسند ۔۔۔ اسٹار آکسیجن؛

راکسی آکسی جن ۔۔۔ ہر سانس کا ساتھی، لمبی سانس کا ساتھی؛

ٹی وی اشتہارات کے لئے مشہور خلابازوں اور غوطہ خوروں کو برانڈ امبیسڈر بنایا جائے گا جنہیں سمندری سرنگوں میں پکنک مناتے اور چاند پر کرکٹ کھیلتے ہوئے دکھایا جائے گا۔

میراتھن دوڑ میں اوّل پوزیشن پانے والا اسپرنٹر اپنے برانڈ ڈ سیلنڈر کی طرف اشارہ کر کے کہے گا: "لمبی ریس کا ساتھی، پورے دیس کا ساتھی"۔

شہر اور گاؤں میں جگہ جگہ آکسیجن ری فیلنگ مراکز بھی قائم کئے جائیں گے۔ ڈبل سیلنڈر کی سہولیات بھی مہیا کی جائیں گی۔ لیکن آکسیجن ری فیلنگ مراکز میں مزدوروں کے ذریعہ ہڑتال، تکنیکی خرابی، حادثات یا پھر ہورڈنگ (ذخیرہ اندوزی) کے نتیجے میں آکسیجن کی سپلائی میں رخنہ کے سبب لوگوں کو مشکلات کا سامنا بھی کرنا پڑ سکتا ہے۔ مثلاً۔۔۔

کام والی بائی ہاتھ جوڑ کر مالکن سے کہے گی: "باجی، میرے چھوٹے بچے کا گیس ختم ہونے والا ہے۔ تھوڑی سی مدد ہو جاتی تو۔۔۔"

پڑوس کے شرما جی بھاگتے ہوئے آئیں گے: "بھائی صاحب، میری بیوی کو بچا لیجئے۔ اس کا آکسیجن آج رات ختم ہونے والا ہے۔ میں نے پرسوں بکنگ کرائی تھی مگر اب تک کوئی خبر نہیں ہے۔ آپ اپنا ریزرو سیلنڈر مجھے دے دیں۔ میں وعدہ کرتا ہوں نیا سیلنڈر

آتے ہی آپ کو لوٹا دوں گا۔"

چائے خانوں میں چرچے ہوں گے:

"آکسیجن سیلنڈروں کی قیمتیں دن بہ دن بڑھتی جارہی ہیں۔ اب تو سانس لینا بھی دشوار ہوگیا ہے۔"

"درست کہا۔۔۔بی پی ایل والوں کو تو ابھی بھی بہت کم قیمت پر سیلنڈر ملتا ہے۔ لیکن سنا ہے ہمارے سیلنڈروں سے سبسیڈی بھی ختم ہونے والی ہے۔"

"میری فیملی میں کل نو افراد ہیں۔ ہر ایک کے نام ڈبل سیلنڈر کروا رکھے ہیں میں نے۔ اخراجات کافی بڑھ گئے ہیں۔"

"میری ساس دمّہ کی مریضہ ہیں۔ انہیں مہینے میں تین سیلنڈر بھی کبھی کبھی کم پڑ جاتا ہے۔"

"میرا چھوٹا بیٹا سارا دن کھیلتا رہتا ہے۔ کبھی کرکٹ تو کبھی فٹ بال۔ نتیجتاً اپنا سیلنڈر تیس دنوں کی بجائے بیس بائیس دنوں میں ہی ختم کر ڈالتا ہے۔ جب کہ اس کی بہن ماشاء اللہ اپنا سیلنڈر پینتیس چالیس دن چلا لیتی ہے۔ میں نے بارہا کہا کھیلنا ہی ہے تو گھر بیٹھے لوڈو، شطرنج یا کیرم کھیلو۔ مگر مانتا ہی نہیں۔ لہٰذا پچھلے دنوں میں نے اس کی ممی کے موبائل میں کرکٹ اور فٹ بال کے علاوہ ہاکی اور والی بال گیمس بھی ڈاؤن لوڈ کر دیئے ہیں۔ اب وہ اسکول سے آنے کے بعد گھر سے نکلتا ہی نہیں۔ بھائی، بچت کے لئے نت نئے طریقے تو اپنانے ہی پڑیں گے ورنہ زندگی مشکل ہو جائے گی۔"

"میں نے بلیک سے دس آکسیجن سیلنڈر خرید کر رکھے ہیں۔ دو نئے آکسیجن اکاؤنٹ بھی کھلوانے پڑے ہیں۔"

"وہ کیوں بھلا؟"

"اگلے ہفتے میری بیٹی کی شادی ہے، اور اس کے سسرال والوں کی طرف سے اتنے کا مطالبہ ہوا ہے۔"

نِت نئے جرائم کا بھی اضافہ ہو گا اور اخبارات کی سرخیاں کچھ اس طرح ہوں گی:

دم گھٹنے سے جوان عورت جاں بحق، شوہر نے سوئی ہوئی بیوی کے آکسیجن سیلنڈر کی نوب بند کر دی۔۔۔ سسرال والوں کا الزام؛

ایک ہی خاندان کے سات افراد کی ایک ساتھ موت ۔۔۔ آکسیجن سیلنڈر میں آکسیجن کی جگہ کاربن ڈائی آکسائیڈ کا انکشاف۔۔۔ فارنسک رپورٹ؛

پنچایت ادھیکاری گرفتار۔۔۔ بی پی ایل کارڈ والے غریبوں کا آکسیجن سیلنڈر بلیک مارکیٹ میں فروخت کرنے کے ثبوت؛

سنارپور بی ڈی او کے گھر پر چھاپا۔۔۔ دو سو غیر قانونی آکسیجن سیلنڈر برآمد؛

کچھ انسان دوستی اور قربانی کی خبریں بھی ہوں گی جیسے:

کلاس میں بچے کا آکسیجن ختم۔۔۔ استانی نے "وائی ٹیوب" کی مدد سے اپنا آکسیجن شیئر کیا اور اسے گھر تک چھوڑ آئی؛

معشوقہ کے آکسیجن سیلنڈر کا نوب جام۔۔۔ عاشق نے اپنا آکسیجن سیلنڈر دے کر اس کی جان بچائی، خود "ہانپ ہانپ" کر دم توڑ دیا؛

اسکول میں کلاس ٹیچر ایک طالب علم سے پوچھے گا:

"کل تم اسکول کیوں نہیں آئے؟"

"سر، میں کل اسکول آیا تھا مگر کلاس میں نہیں آسکا۔"

"وہ کیوں؟" ٹیچر آنکھیں نکالے گا۔

"اسکول گیٹ پر ہی میرے سیلنڈر کا آکسیجن ختم ہو گیا تھا۔ میں نے وائی ٹیوب کی

مدد سے بھائی جان کا آکسیجن شیئر کیا۔ ان کا کلاس زیادہ ضروری تھا اس لئے مجھے ان کے ساتھ ہی ان کے کلاس میں بیٹھنا پڑا۔"

فلم "شعلے ٹو" میں گبّر سنگھ دونوں ہاتھوں میں تلوار لئے ہوئے ٹھاکر کی طرف لپکے گا" یہ ہاتھ دے دے ٹھاکر، یہ ہاتھ مجھے دے دے۔۔۔"

مگر اچانک اس کا دم پھولنے لگے گا۔ وہ گھبرا کر اپنے آکسیجن سیلنڈر کے انڈیکیٹر کی طرف دیکھے گا۔ پھر دونوں تلواریں پھینک کر ٹھاکر پر جھپٹ پڑے گا: "فی الحال یہ سیلنڈر ہی دے دے!"

اکثر ایسا ہوتا ہے کہ کسی سنگین مسئلے کا بہت ہی آسان حل بالکل سامنے کی چیز ہوتی ہے مگر دیر تک ہماری آنکھوں سے اوجھل رہتی ہے۔ یہ سنگین مسئلہ بھی چٹکی بجاتے حل ہو جائے گا، اگر حکومت پھیپھڑے کی بیماریوں کی تحقیق اور ان کے علاج نیز آلودگی کنٹرول کرنے کے اقدامات پر خرچ کرنے کی بجائے وہی رقم ملک کے تمام پٹرول پمپس اور دیگر مقامات پر آلودگی کی جانچ کرنے والی مشینیں بٹھانے اور پولیوشن انڈر کنٹرول سرٹیفکیٹ (PUC) جاری کرنے والے عملہ کو تعینات کرنے میں لگا دے جو بیس سے پچاس روپے اضافی ادائیگی کرنے پر کاربن مونو آکسائیڈ اور دیگر نقصاندہ گیسوں کو بآسانی مقررہ حد کے اندر کر دیتے ہیں، اور سو روپئے میں اتنا کم کر دیتے ہیں جیسے گاڑی دس سال پرانی نہ ہو بلکہ ابھی ابھی شوروم سے نکلی ہو!

Solution to Pollution - Humorous Essay: Jawed Nehal Hashami

***

۷

سارے جہاں کا درد اور ہمارا جگر

دلیپ سنگھ

جب میری ملازمت سے ریٹائرمنٹ کی تاریخ قریب آگئی تو مجھے فکر دامن گیر ہوئی کہ ریٹائرمنٹ کے بعد کیا کروں گا۔ کسی زمانے میں جب کوئی ریٹائر ہوتا تھا تو لوگ اس سے کہا کرتے تھے کہ بھائی بہتیرا کام کرلیا، اب عیش کر، لیکن آج کل نوکریاں کچھ اس قسم کی ہوگئی ہیں کہ لوگ یوں کہنے لگے ہیں کہ بھائی بہت عیش ہوچکا اب ریٹائر ہو رہے ہو تو کوئی کام دھام ضرور کرنا۔

مجھے ریٹائرمنٹ کے بعد پیسہ کمانے کے لئے کام کرنے کی ضرورت نہیں تھی۔ اس کی ایک وجہ تو یہ تھی کہ آج کل سرکار نے پینشن خاصی معقول کردی ہے اور دوسری یہ کہ آدمی ریٹائرمنٹ تک پہنچتے پہنچتے اتنی بیماریوں کا شکار ہوجاتا ہے کہ اسے بہت سی چیزوں کی ضرورت ہی نہیں رہتی۔ دانت ہی نہیں ہوں گے تو چبائے گا کیا؟ اور معدہ ہی کام نہیں کرے گا تو کھائے گا کیا؟ اس کے علاوہ میرے دونوں لڑکے برسرِ روزگار تھے، میرا مطلب یہ نہیں ہے کہ مجھے امید ہے کہ وہ میرے بڑھاپے کا سہارا بنیں گے، بلکہ یہ کہنا چاہتا ہوں کہ اب انہیں میرے سہارے کی ضرورت نہیں تھی۔ یہ الگ بات ہے کہ اپنے ذاتی اور اچھے خاصے مکان ہوتے ہوئے بھی وہ میرے چھوٹے سے مکان کی طرف

اس طرح دیکھا کرتے تھے جیسے آنکھوں ہی آنکھوں میں کہہ رہے ہوں کہ اے بکرے کی ماں تو کب تک خیر منائے گی۔

اقتصادی حالات کو مد نظر رکھتے ہوئے مجھے کام کی ضرورت نہیں تھی لیکن وقت گزارنے کے لئے تو کوئی مصروفیت چاہئے تھی۔ دوستوں نے مشورہ دیا کہ سوشل سروس کرو۔ وقت بھی گزر جائے گا اور سوسائٹی کا بھلا بھی ہو گا۔ لیکن جب اس میدان کی طرف غور سے دیکھا تو احساس ہوا کہ سوشل سروس اتنا کار آمد شغل بن گیا ہے کہ سوشل ورکر بننے کے لئے کسی بڑے آدمی کی سفارش چاہئے آج کل سوشل سروس، لوگ کچھ اس طرح کرتے ہیں کہ جب وہ ایک مندر بنانے کے لئے چندہ اکٹھا کرتے ہیں تو ان کے ذاتی مکان کی دوسری منزل مندر سے کئی مہینے پہلے اپنے آپ تیار ہو جاتی ہے۔ شاید سوشل سروس کرنے والوں کو بھگوان اس لئے پہلے نواز دیتا ہے کہ آخر وہ بیچارے کم از کم گھر سے تو اس ارادے سے ہی نکلے تھے کہ بھگوان ان کے لئے گھر تعمیر کریں گے۔

بہت سوچ وچار کے بعد میں نے فیصلہ کیا کہ لوگوں کے دکھ میں شامل ہونے سے بہتر کوئی کام نہیں ہے کیونکہ دکھ بانٹنے سے کم ہوتا ہے، کہنے والے تو کہتے ہیں کہ خوشی بھی بانٹنے سے دوبالا ہو جاتی ہے۔ لیکن جوانی، میں نے یہ کام کرنے کی کوشش کی تھی اور نتیجہ اس کا میرے حق میں کچھ اچھا نہیں نکلا تھا۔ جوانی میں میں اور میرے چند عزیز دوستوں نے فیصلہ کیا تھا، کیوں نہ ہم لوگ بنی نوع انسان کی خوشی میں شامل ہو کر ان کی خوشی کو دوبالا کریں۔ چنانچہ کوئی بارات جا رہی ہو تو ہم اس میں شامل ہو جایا کرتے تھے، ان کے ساتھ کندھے سے کندھا ملا کر چلتے تھے، انکے بینڈ کی دھن پر بھنگڑا کرتے تھے اور ان کے ساتھ لنچ کرنے میں فخر محسوس کرتے تھے۔ لیکن لوگ شاید آج کل خوشی بانٹنا پسند نہیں کرتے، اس لئے ایک شادی میں باقاعدہ ہم سے پوچھا گیا کہ ہم کس طرف سے

ہیں۔ لڑکی کی طرف سے یا لڑکے کی طرف سے۔ ہمیں یہ سوال بڑا بے معنی سا لگا، یہ کوئی لڑائی کا میدان تو تھا نہیں کہ کوئی ہم سے سوال کرے کہ ہم کس طرف ہیں؟ سکندر کی طرف یا پورس کی طرف؟ ہم تو دونوں طرف کے لوگوں کی خوشی بانٹ رہے تھے ۔(فلاسفی سے قطع نظر ہم اس وقت بریانی کی طرف تھے) لیکن شادی والے گھروں کو ہمارا خوشی بانٹنا پسند نہ آیا۔ اور انہوں نے ہمیں دھکے مار کر پنڈال سے باہر کیا۔ ان کا خیال تھا کہ ہم وہاں صرف مفت کی روٹیاں توڑنے آئے تھے، شاید یہ صحیح تھا لیکن یہ بھی صحیح تھا کہ کسی اور نے بھی وہاں روٹیاں توڑنے کے پیسے نہیں دے رکھے تھے، سوائے لڑکی کے باپ کے،

اس واقع کو ذہن میں رکھ کر ہی میں نے فیصلہ کیا تھا کہ لوگوں کے دکھ میں شامل ہونا چاہئے۔ وہاں تو کوئی یہ نہیں کہہ سکے گا کہ ہم وہاں مفت کی روٹیاں توڑنے آئے ہیں۔

دلی جیسے شہر میں یہ معلوم کرنا کہ کون دکھی ہے اور کون نہیں، ذرا سا مشکل کام ہے ۔ کیونکہ جس چہرے کو بھی دیکھئے اس پر جلی حروف میں دکھ لکھا ہوا نظر آتا ہے بڑے شہروں میں دکھ بھی کئی طرح کے ہوتے ہیں۔ کوئی اس لئے دکھی ہے کہ اس کے پاس فون نہیں ہے اور کوئی اس لئے دکھی ہے کہ اس کے پاس فون تو ہے پر اس پر کوئی نمبر نہیں ملتا۔ لیکن میں اس طرح کے معمولی دکھوں میں شامل ہونے کا ارادہ نہیں رکھتا تھا۔ میرا ارادہ ہو ان دکھوں میں شامل ہونے کا تھا جنہیں واقعی دکھ کہا جاتا ہے۔ جیسے کسی کے بچھڑ جانے کا دکھ، جیسے کسی کے یتیم ہو جانے کا دکھ۔۔ فون نہ ملنے کا دکھ میں کیسے بانٹ سکتا تھا۔ جب کہ خود مجھے ہی کئی سالوں کی کوشش کے باوجود فون نہیں مل سکا تھا۔

دکھی لوگوں کی تلاش میں مَیں نے اتوار کے اخبار میں موت کا ایک اشتہار دیکھا جو قریب آدھ صفحے پر پھیلا ہوا تھا۔ اشتہار سے پتہ چلتا تھا کہ مرنے والے نے اپنی زندگی میں

بہت محنت کی تھی۔ نتیجے کے طور پر وہ تین فیکٹریوں اور دس ٹیلیفونوں کا مالک بننے کے علاوہ چھ بچوں کا باپ بنا۔ بچوں کے علاوہ پوتے پوتیوں کی تعداد بھی اچھی خاصی تھی۔ اشتہار سے عیاں تھا کہ اس کے وارثین بے حد دکھی تھے کہ وہ ایک رہنما سے محروم ہو گئے۔ ان کے دکھ کا سب سے بڑا ثبوت یہ اشتہار تھا کیونکہ اس کی چھپائی پر کم از کم پانچ ہزار روپے ضرور خرچ ہوئے ہوں گے۔

میں نے سوچا ان لوگوں کا دکھ بانٹنے ضرور جانا چاہئے، چنانچہ کریا کی تاریخ پر ان کے گھر پہنچ گیا۔ لیکن دیکھ کر حیران ہوا کہ پورے گھر میں غم کا نام و نشان نہیں تھا۔ مختلف لوگوں سے بات چیت کرنے سے پتہ چلا کہ بزرگوار نے دولت تو بہت پیدا کی لیکن اس دولت پر سانپ بنکر بیٹھا رہا۔ بچوں کو اول تو عیاشی کے لیے کچھ دیتا نہیں تھا اور جب دیتا تھا تو بعد میں اس کا حساب مانگتا تھا۔ اب آپ ہی فیصلہ کیجئے عیاشی کا کوئی حساب دے سکتا ہے بھلا؟ مزید چھان بین کرنے پر پتہ چلا کہ اخبار میں چھپا ہوا اشتہار رونے رلانے کا نہیں تھا بلکہ شکرانے کا تھا۔ وارثین اشتہار کے ذریعہ اس دکھ کا اظہار نہیں کر رہے تھے کہ تین کمپنیاں اور دس ٹیلیفونوں کا مالک چلا گیا بلکہ اس بات کے لئے شکر گزار تھے کہ مرنے والا یہ کمپنیاں اور فون اپنے ساتھ نہیں لے گیا۔

اگلے ہفتے میں نے اخبار میں، برسی کا ایک اشتہار دیکھا، ایک نوجوان کی تصویر کے نیچے لکھا تھا کہ آج ان کی موت کو ایک سال ہو گیا ہے، لیکن آج بھی ہم اسی طرح سوگوار ہیں جیسے ایک سال پہلے تھے۔ میں نے سوچا کہ اس جوان کی موت کی برسی پر جا کر اس کے رشتہ داروں کا غم بانٹنا چاہئے۔

پتہ پر پہنچا تو گھر میں کوئی نہیں تھا سوائے ایک منشی کے۔ میں نے پوچھا: بھیا گھر کے لوگ کہاں ہیں؟ کہنے لگا، کشمیر گئے ہوئے ہیں۔ میں نے کہا: لیکن آج تو ان کے فلاں

رشتے دار کی برسی ہے، جو پچھلے سال جوانی میں وفات پا گئے تھے، انہوں نے خود اخبار میں اشتہار دیا ہے آج تو وہ غم سے نڈھال ہوں گے، پہاڑ پر کیسے چلے گئے۔

منشی نے جواب دیا۔ حضور پہلی بات تو یہ ہے کہ مرنے والا اسی سال کی عمر میں فوت ہوا تھا، جوانی میں نہیں ۔ آپ کو جو غلط فہمی ہوئی ہے وہ اخبار میں چھپی ہوئی تصویر سے ہوئی ہے ، وہ تصویر جوانی کی تھی، دوسری بات یہ اخبار میں اشتہار ان کے وارثین نے خود نہیں دیا۔ ایک ایڈورٹائزنگ ایجنسی کی معرفت دیا گیا ہے۔ اب رہ گئی یہ بات کہ وارثین پہاڑ پر کیوں گئے ہیں تو بھیا رونے کے لئے یہ ضروری نہیں کہ آدمی سخت گرم آب و ہوا میں ہی رو سکتا ہے، کشمیر میں ڈل لیک میں شکارے میں بیٹھ کر رونے میں کیا برائی ہے؟

اس کی بات سن کر مجھے احساس ہوا کہ واقعی کوئی برائی نہیں بلکہ اسی شکارے میں بیٹھ کر میں اگر ان کا دکھ بانٹ سکتا تو کتنا اچھا ہو گا۔

میں نے منشی جی سے اتنی شکایت ضرور کی کہ انہیں مرنے والے کی جوانی کی تصویر شائع نہیں کروانی چاہئے تھی کہ اس سے خواہ مخواہ غلط فہمی پیدا ہوتی ہے۔ منشی کہنے لگا: آخری عمر میں بزرگوار کو لقوہ ہو گیا تھا جس کی وجہ سے ان کی تصویر بڑی بھیانک آئی تھی۔ ایسی تصویر چھپوا کر وارثین شرمسار نہیں ہونا چاہتے تھے کہ وہ کسی ٹیڑھے میڑھے بزرگ کے رشتے دار ہیں۔

دوبارہ ناکام ہونے کے باوجود بھی میں ہمت نہیں ہارا۔ ایک دن میں نے اخبار میں ایک ایسے بزرگ کی موت کا اشتہار پڑھا جو وارثین کی طرف سے نہیں بلکہ اس بزرگ کی کمپنی کے ملازمین کی طرف سے دیا گیا تھا۔ مجھے خوشی ہوئی کہ مرنے والا ایک شفیق مالک تھا جس کے مرنے سے اس کے ملازمین سوگوار ہیں۔

میں اس بزرگ کی یاد میں منعقد ہونے والی میٹنگ میں شامل ہونے کے لئے چل دیا، میٹنگ میں پہنچ کر معلوم ہوا کہ ملازمین سوگوار تو ہیں لیکن بزرگ کی موت کی وجہ سے نہیں بلکہ اس وجہ سے کہ اس بزرگ کے نوجوان بیٹے نے زبردستی ملازمین کی تنخواہ سے پیسے کاٹ کر اخبار میں اس میٹنگ کا اشتہار دیا تھا۔

اس واقعے کے بعد میں تھوڑا سا مایوس ہو گیا۔ مجھے لگا جیسے میں زندگی بھر کسی کا غم نہ بانٹ سکوں گا، جب سوگواروں کے پاس بانٹنے کو کچھ ہے ہی نہیں تو میں بانٹوں کیا؟

انہی دنوں میرے دفتر کے ایک ساتھی کی موت ہو گئی، سعید حیدرآباد کا رہنے والا تھا۔ اور دلی میں ملازمت کے لئے آیا ہوا تھا، وارثین کو اطلاع دی گئی لیکن ریلوے میں ہڑتال ہونے کی وجہ سے کوئی وقت پر پہنچ نہ پایا، مجبوراً ہم دفتر کے کچھ ساتھی اسے دفنانے کے لئے نکل پڑے، فیصلہ یہ ہوا کہ اسے جامعہ ملیہ کے قبرستان میں دفن کیا جائے۔

جنازہ پہلے مسجد میں لے جایا گیا تاکہ نماز جنازہ ادا کی جا سکے، اتفاقاً اس دن جمعہ تھا بے شمار لوگ جمعہ کی نماز پڑھنے کے لئے مسجد میں موجود تھے۔ وہ سب سعید کے جنازے میں شامل ہو گئے۔ بہت سے لوگوں کو جنازے کے ساتھ دیکھ کر کسی کو خیال ہوا کہ کوئی بہت بڑا آدمی فوت ہو گیا ہے، چنانچہ اس آدمی نے میرے قریب آکر پوچھا: کون صاحب تھے، کسی بڑے عہدے پر فائز تھے کیا؟

میں نے جواب دیا: ایسی تو کوئی بات نہیں، معمولی ملازم پیشہ آدمی تھے۔ تب تک ہم قبرستان میں پہنچ چکے تھے قبر کو حسرت بھری نگاہ سے دیکھ کر وہ کہنے لگا:

"قسمت والا تھا کہ دیار غیر میں موت ہوئی، لیکن پھر بھی جنازے میں ہزاروں لوگ شامل ہوئے اور پھر قبرستان میں ایسی جگہ نصیب ہوئی کہ ایک طرف میجر جنرل نواز خان لیٹے ہوئے ہیں، ایک طرف پرنسپل برکت علی صاحب ہیں۔ اور ایک طرف جناب

علی محمد سابق ممبر پارلیمنٹ۔"

مجھے اس شخص کے غمزدہ چہرے کو دیکھ کر بہت ترس آیا۔ میں نے کہا:

"حضور اگر آپ چاہیں تو آپ اس قبر میں لیٹ جائیں اور ان بڑے آدمیوں کی صحبت کا لطف اٹھائیں۔ میں اپنے دوست کو کہیں اور لے جاتا ہوں۔"

میں تو سمجھتا تھا کہ میں نے اس شخص کا غم بانٹنے کی کوشش کی ہے لیکن میرے دوستوں کا خیال ہے کہ میرے جملے میں تضحیک کا پہلو نکلتا تھا۔

میں پریشان ہوں کہ کس طرح لوگوں کے غم میں شمولیت کروں، کس طرح ان سے درد کا رشتہ قائم کروں۔ اس سلسلے میں مجھے دوستوں کے مشوروں کی ضرورت ہے۔ ہے کوئی کرم فرما جو میری رہنمائی کرے۔

Saare jahan ka dard. Humorous Essay by: Dileep Singh

***

۸

گدھوں کی سرگزشت

زبیر حسن شیخ

آج شیفتہ چمن میں کچھ عجب رنگ میں نظر آئے۔ ایک بچے نے کہانی سنانے کی فرمایش کی تو کچھ عجیب و غریب کہانی سنانے بیٹھ گئے ، بچہ تو خیر کیا کہانی سنتا، وہ تو کھیل تماشے والوں کی آواز سن کر بھاگ کھڑا ہوا۔ لیکن چمن میں بیٹھے ہوئے دیگر حضرات اس کہانی کو سننے ہمہ تن گوش ہوئے۔

شیفتہ فرمارہے تھے کہ ان کا گزر گدھوں کی ایک بستی سے ہوا تھا۔ ہم نے اشتیاق سے پوچھا جناب کیا واقعی یہ بستی برصغیر میں کہیں موجود ہے یا کوئی کنایہ ہے۔ انہوں نے ہمارے سوال کو درخور اعتنا نہ جانا اور اپنی بات جاری رکھی۔ فرمایا، ان گدھوں کا سردار بستی والوں سے کہہ رہا تھا کہ انسانوں کا اب گدھوں سے بھی زیادہ برا حال ہے۔ ان کے پاس پیمبروں کی آمد کا سلسلہ کیا بند ہوا ہماری تو صرف پشت ہی بے برکت ہوئی لیکن انسانیت کو اب پس پشت ڈال دیا گیا ہے۔۔۔۔۔۔۔ انسانوں میں اب عجیب و غریب قسمیں پیدا ہونے لگی ہیں۔

ایک گدھے نے پوچھا۔۔۔ ہم میں اور ان میں فرق کیا ہے ؟

سردار نے کہا۔۔۔۔۔۔۔ ویسے تو ہم میں اور ان میں ایک بات مشترک ہے کہ ہمارا

اور انکا خالق ایک ہی ہے، لیکن چند خاص باتوں کا فرق ہے جسکی بنا پر یہ ہم سے افضل ہیں ۔ اختیار تو ہمیں بھی دیا گیا ہے لیکن بے حد محدود، اختیار انہیں بھی محدود ہی دیا گیا ہے لیکن انکے بے اختیار ہونے کے اسباب بے شمار پیدا کیے گئے ہیں، جبکہ اسے عقل سلیم بھی دی گی ہے جو ہمیں نہیں دی گئی۔

اس گدھے نے پوچھا یہ عقل کیا چیز ہوتی ہے۔۔۔۔ ؟ سردار نے کہا تمھارے سمجھنے کے لئے اتنا کافی ہے کہ اسی عقل کے نہ ہونے کی وجہ سے ہم اسکے تابع ہیں بلکہ دنیا کی اکثر چیزیں بھی۔ اسے بے اختیار ہونے سے روکنے کے لئے ہی یہ عقل دی گئی ہے۔ گدھے نے پوچھا۔۔۔۔ لیکن اسے تو ہم اکثر اختیار کھوتے ہوئے پاتے ہیں۔

ایک نحیف و نزار گدھا بیچ میں بول پڑا۔ سردار تمہاری عقل ہم تمام گدھوں میں بہتر کیوں ہے جو تم ایسے سوالوں کے جوابات دے پا رہے ہو؟۔ سردار نے کہا، شاید میرے اجداد میں سے ضرور کوئی ایسا ہوا ہو گا جسکی پشت پر کسی پیمبر نے سواری کی ہو گی اور یہ سب اسی سعادت کا حصہ ہے۔

نحیف و نزار گدھے نے پھر پوچھا۔۔۔۔ سردار چند انسان ایسے بھی ہیں جنہیں ہم اختیار کھوتے نہیں پاتے اس کی کیا وجہ ہو گی؟ سردار نے کہا۔۔۔۔۔۔ انہیں ضمیر نام کی کسی شہہ سے بھی نوازا گیا ہے اور وہ عقل کو قابو میں رکھنے کے لئے اسکا استعمال کرتے ہونگے۔ حالانکہ ہم نے انہیں سے سنا ہے کہ کبھی کبھی ان کا ضمیر مردہ ہو جاتا ہے۔ اور پھر ان کے ساتھی انسان انہیں جانور کہنے لگتے ہیں۔ جبکہ یہ بہت غلط بات ہے اور ہم جانوروں کی توہین ہے، خاصکر ہم پالتو جانوروں کی۔ اس گدھے نے پوچھا وہ کیسے؟ سردار نے کہا ۔۔۔۔۔۔ مثلاً، ہماری ساخت ہی ایسی بنائی گئی ہے کہ ہمیں پوشاک کی ضرورت نہیں رہتی اس لئے ہم جسمانی برہنگی سے مبرا ہیں اور چونکہ عقل سلیم نہیں دی گئی ہے اس لئے

ذہنی برہنگی میں مبتلا ہونے سے بھی ہم مبرا ہیں، ہمیں غصہ آتا ہے تو زیادہ سے زیادہ ڈھینچوں ڈھینچوں کر احتجاج کر لیتے ہیں، بہت ہوا تو ایک لات رسید کر دی، ہم خون خرابہ نہیں کرتے، نہ ہی اوروں کا نہ ہی اپنوں کا۔ ہمارے یہاں بھی سردار اور حکم ہوتے ہیں اور رعایا بھی، اور انکے یہاں بھی ہوتی ہے، اور ان سب کاموں کو یہ سیاست کہتے ہیں۔ جبکہ ہمارے پاس سرے سے ضمیر ہوتا ہی نہیں ہے کہ ہماری کسی کوتاہی سے وہ مردہ ہو جائے۔

ایک نوجوان گدھے نے سوال داغا۔۔۔۔ سردار انسان کو اچھی اچھی پوشاک پہننے کی بھلا کیا حاجت ہو سکتی ہے جبکہ وہ ہم جانوروں سے بہ درجہ خوبصورت ہے۔ سردار نے کہا۔۔۔ ہم میں اور ان میں ایک اور بڑا فرق ہے۔ جو شاید سب سے بڑا فرق ہے، اور وہ یہ کہ ہم سب کا پیدا کرنے والا جو مالک ہے وہ انسان کو روز پانچ وقت شرف ملاقات دیتا ہے، اور بھلے خود سامنے موجود نہیں ہوتا لیکن ان کو اپنی موجودگی کا احساس کراتا ہے۔ ایسے انسانوں کو مسلمان کہتے ہیں۔۔۔ ان میں چند ایسے بھی ہوتے ہیں جو مختلف حیلے بہانوں سے لمحہ لمحہ اسکی موجودگی کو محسوس کرتے رہتے ہیں۔۔۔ انکا سوچنا، کھانا پینا، بولنا سننا سب کچھ اسی احساس کے تحت انجام پاتا ہے۔۔۔ ان میں چند ایسے بھی ہوتے ہیں جو دنیا میں مالک کے دیدار کی توقع کرتے ہیں۔۔۔۔ یہ سب مالک کے عشق میں مبتلا رہتے ہیں، نیکیاں کرتے رہتے ہیں۔۔۔ اور ایسے انسانوں کو مالک سے بخشش اور انعام کی امید رہتی ہے۔

شیفتہ نے فرمایا جب اس سردار گدھے کی یہ بات ہم سنی تو بے اختیارانہ زبان پر آیا کہ:

کہاں کا عشق، کیسی نیکیاں، اللہ میری توبہ

ہمیں تو بس تری رحمت سے ہی مغفور ہونا ہے

جنھیں دعوی ہو شوق دید کا وہ ہم نہیں یارب

ہمیں تو بس تجلی میں جل کر طور ہونا ہے

بقراط نے کہا حضور، گدھوں میں احساس خودداری اور عزت نفس نام کی کوئی چیز نہیں ہوتی۔

فرمایا، اسکی بابت بھی گدھوں کو بولتے ہم نے سنا تھا۔۔۔ اور کہانی آگے بڑھا دی۔

لوگ پھر ہمہ تن گوش ہو گئے

ایک نوجوان گدھے نے کہا ہم لوگ حق خودداری سے دستبردار ہو گئے ہیں

اس لئے ظلم سہتے رہے، یہاں تک کے دھوبی بھی ہمیں دھنتے رہتے ہیں

ہم میں کبھی یکجہتی نہیں پائی گئی، ہم اپنے ہی مظلوم بھائیوں کو چلتے چلتے لات رسید کر دیتے ہیں۔

دوسرے نے کہا۔۔۔ کبھی کبھی تو سردار کو بھی، اور ان کو بھی جو انسانوں سے سیکھ کر کچھ نیک باتیں ہمیں بتاتے رہتے ہیں۔

سردار نے کہا۔۔

ہم بھی کیوں نہ زعفران کی افادیت پر غور فکر کریں، اور کیوں بس سونگھنے پر اکتفا کریں

کب تک ناک منہ چڑھاتے رہیں

ڈھینچوں ڈھینچوں کا الاپ کرتے رہیں،

ایک اور گدھا بول پڑا

امن میں عافیت ہے، ہمارا کام گدھا مزدوری ہے

اتنا سوچنا سمجھنا نہیں ہے، ہم جانور ہیں، اور وہ بھی گدھے
ہمیں عقل سلیم سے عاری رکھا گیا ہے
سردار گدھا کہنے لگا، ایسے تمام اختیارات انسان کو دئے گئے ہیں
اسے عقل سلیم بھی دی گئی ہے کہ وہ اپنا بھلا برا خود سمجھے
اسے ضمیر جیسی چیز سے نوازا گیا ہے تاکہ عدل قائم کرے
اسے ایمان سے نوازا گیا ہے تاکہ مالک کو ہم سے بہتر سمجھے
اسکی اصلاح کے لئے پیمبروں کو بھیجا گیا ہے تاکہ اسے انکار کی گنجایش نہ ہو
اسکے لئے دنیا مسخر کر دی گئی ہے تاکہ دنیا کو سنوارے اور نیکیاں کرے
اسکے اندر جذبہ خوف پیدا کیا گیا ہے تاکہ ظلم و گناہ سے دور رہے
ہمیں ان سب باتوں سے کیا لینا ہم تو گدھے ہیں
لیکن خبردار کبھی انسانوں کی نیکیوں پر ڈھینچوں ڈھینچوں نہ کرنا

کہانی کے اختتام پر آتے آتے شیفتہ نے مسکرا کر بقراط کو دیکھا اور فرمایا، کہانی کے کسی موڑ پر اکثر حضرات اس بچہ کی طرح کھیل تماشے کی طرف بھاگ کھڑے ہوئے۔ فرمایا، بہر حال کہانی کا اختتام یہ ہے کہ سردار کی باتیں سارے گدھے غور سے سن رہے تھے اور ایسا محسوس ہو رہا تھا انہیں انسان بننے کی کتنی چاہ ہے۔

Anecdote of donkeys. Humorous Essay: Zubair H Shaikh

***

۹

مطالعہ و کتب بینی بمقابل سوشل میڈیا نیٹ ورکنگ

جویریہ سعید

ادریس آزاد صاحب لکھتے ہیں کہ فیس بک سنجیدہ مطالعہ کی جگہ نہیں اور کتاب کی جگہ تو لے ہی نہیں سکتی۔ ہم کہتے ہیں کہ جو مزہ صوفے پر الٹا سیدھا پڑ کر یا مسہری اور دیوار کے بیچ ایک تنگ سی جگہ میں اکڑوں بیٹھ کر کتاب میں غرق ہونے کا ہے، وہ چھوٹے سے موبائل فون یا بھاری سے لیپ ٹاپ کی چمکتی سکرین پر نظریں جما کر پڑھنے کی کوشش میں کہاں؟ اس پر مستزاد یہ کہ ہر تھوڑی دیر کے بعد کوئی نہ کوئی کھڑکی کھلتی ہے، کسی کا پیغام ہے، کوئی نوٹفیکیشن ہے، ذھن بھٹک کر کسی اور لنک کی طرف جاتا ہے۔ یہ تحریر پڑھ لی جائے یا کسی اور بلاگ کے لنک کو بھی ساتھ ہی کھول کر "skimming" کر لی جائے یا پھر کسی چاہنے والے یا ہرگز نا چاہنے والے کی پوسٹ پر کوئی تائیدی یا اختلافی کومنٹ کر دیا جائے؟ یہ بھی ہے کہ خصوصا فیس بک پر کوئی پوسٹ یا بلاگ پانچ چھ سطروں سے زیادہ طویل ہو جائے تو توجہ مرکوز کرنا مشکل ہوتا ہے۔

کتاب کی عیاشی اور چیز ہے۔ ناول کی ضخامت سے مطالعے کے شوقین قاری کو کبھی

گھبراتے نہیں دیکھا۔ پانچ چھ سو صفحات پر مشتمل ناول ایک رات نہیں تو دو چار کاموں میں ڈنڈی مار کر چند گھنٹے دن کے بھی لگا کر دو تین راتوں میں ختم کر ہی لئے جاتے ہیں۔ ذرا "اعلی درجے" کا ناول ہو یا کوئی سنجیدہ کتاب ہو تو سرہانے رکھ کر بیس پچیس صفحات روز کے پڑھ لینا کچھ ایسا مشکل نہیں معلوم ہوتا تھا۔ اب تو حال یہ ہے کہ احباب منہ بنا کر کہتے ہیں،:ذرا مختصراً اس کتاب یا تحریر کا لب لباب بیان کر دیجیے۔

ارے صاحب! ہمارے نزدیک مطالعہ کا مقصد صرف "سبق" یا "حاصل کلام" جان لینا نہیں ہوتا۔ یہ تو الفاظ کے نگینوں، خیالات کے جمال اور اسلوب بیان کی رنگینی سے مزین ایک جادوئی دنیا کا سفر ہے۔ جس کے ہر جلوے سے آپ محظوظ ہوتے ہیں۔ اچھی تحریر کو آپ "skim" یا "سکپ" کر کے کیسے پڑھ سکتے ہیں؟ نشاط تو "حاصل کلام" سے نہیں بلکہ رعنائی کلام سے کشید کیا جاتا ہے۔ مولانا مناظر احسن گیلانی کی "النبی الخاتم صلی اللہ وسلم"، "اسلامی نظام زندگی اور اس کے بنیادی تصورات"، "تدبر القران"، "سید بادشاہ کا قافلہ"، "سفینہ غم دل"، "ہاوسنگ سوسائٹی"، آنگن"، "دن اور داستان"، "سیاہ حاشیے"، ابن انشا اور یوسفی اور ایک طویل فہرست ہے کہ آپ دم سادھے پڑھتے جاتے ہیں۔ الفاظ آپ کی انگلی پکڑے آپ کو کہاں کہاں لے جاتے ہیں۔ کن کن دنیاؤں کی سیر کرواتے ہیں، اور آپ کو چھو کر بھی یہ بے ہودہ خیال نہیں گزرتا کہ براہ کرم کوئی چند جملوں میں اس کتاب کا حاصل مطالعہ بتا دے تاکہ ہم بھی کہہ سکیں کہ ہمیں پتہ ہے کہ اس کتاب میں لکھا کیا ہے!

سنجیدہ کتاب پڑھتے ہوے سب سے اہم سرگرمی جسے ای بک میں نہ کر سکنے کی الجھن قایم رہتی ہے، وہ ہے قلم لے پڑھنا۔ اہم جملوں اور پیراگراف کو نشان زد کرتے، حاشیے لکھتے، کہیں سوالات لکھتے، کتنی ہی کتابیں پہلے سے زیادہ قیمتی ہو جاتی ہیں۔

اور پھر جس کو کھانا تناول کرتے وقت کتاب پر نظریں جمائے رکھنے کی لت ہو، اس کے دل میں ای بک کے لئے کینہ ضرور ہوتا ہے۔ نہ آپ لیپ ٹاپ کو موڑ سکتے ہیں، نا پلیٹ کے نیچے آدھی کتاب کی طرح دبا کر ایک ہاتھ سے نوالہ منہ کی جانب لے جاتے ہوے اس چند سیکنڈ کی فراغت کو تیزی سے دوسرے ہاتھ سے صفحہ پلٹنے کی سرگرمی میں استعمال کر سکتے ہیں۔ نہ ہی چائے کی پیالی پکڑنے کی کوشش کے دوران قلم، چمچہ، مڑا ہوا کاغذ یا بسکٹوں کی پلیٹ کو بوقت ضرورت "بک مارک" کے طور پر استعمال کرنے کی نوبت آپاتی ہے۔

وہ زمانے تو لد ہی گئے جب گھر والوں سے چھپ کر سٹور میں لحافوں کے ڈھیر پر دبک کر کتاب پڑھی جاتی تھی، یا اونچی کتابوں کی الماری پر لٹکے لٹکے ایک چوتھائی کتاب پر سرسری نظریں دوڑا کر جائزہ لے لیا جاتا تھا کہ اس کتاب سے دوپہر کے کھانے کے ساتھ لازم چٹنی یا اچار کے طور پر لطف لیا جاسکتا ہے یا نہیں؟

پاکستان سے انے والے کتابوں کے پارسل میں سب سے قیمتی دو کتب ہیں۔ ایک تو "لمحات" (خرم مراد) اور دوسری "گردش رنگ چمن" (قرۃ العین حیدر)۔ قیمتی ہونے کی دلیل کے طور پر ویسے تو نام ہی کافی ہے، مگر پھر بھی عرض کیے دیتے ہیں کہ ان کے قیمتی اور محبوب ہونے کی ایک اہم وجہ یہ ہے کہ یہ امی کے خزانے سے فرمائشی طور پر منگوائی گئی دو ان حسین و جمیل کتب میں سے ہیں جن کے اوراق سالخوردہ اور پیلے پیلے سے ہیں۔ امی کی مسہری کے نیچے گتے کے کارٹنوں میں کتابیں بھری ہوتی تھیں۔ کبھی بارش کا پانی کمرے تک آجاے تو یہ کارٹن بھیگ جاتے تھے، جس کے سبب کچھ کتابوں کے بوسیدہ زرد اوراق پر پانی کے دھبے اور شکنیں ابھراتی تھیں۔ ہمیں ایسی کتابیں انتہائی رومانوی معلوم ہوتی ہیں۔ گزری صدیوں کی شاندار اور پر اسرار عمارتوں کی طرح جن کے

بھاری مگر آرٹسٹک نقوش امتداد زمانہ کے سبب دھندھلا کر کچھ اور بھی پراسرار اور رومانی لگنے لگتے ہیں۔ یہ دو کتب انہی کتب کی قبیل سے ہیں۔ "گردش رنگ چمن" کی جلد ایک جگہ سے پھٹی ہوئی ہے، جس نے اس کے قدیم دیومالائی حسن کو چار چاند لگا دیے ہیں۔ بھلا بتایے، فیس بک یا ای بک میں ایسی جمالیاتی تسکین کہاں سے میسر آئے؟

البتہ ایسا بھی نہیں کہ فیس بک کی تحریروں یا بلاگوں کا کوئی فائدہ ہی نہ ہو۔ بات یہ ہے کہ اگرچہ فیس بک اور بلاگ مطالعے سے زیادہ مکالمے اور گفتگو کے میدان ہیں، ہم ایسے لائبریری سے بچھڑے حسرت زدہ متاثرین کے لئے انٹرنیٹ ہی مطالعہ اور کتب بینی کا سب سے بڑا ذریعہ ہے۔ پھر اگر آپ نے اپنی نیوز فیڈ ذرا قابو میں رکھی ہوئی ہو، تو کافی حد تک پڑھنے لکھنے والوں سے استفادہ کیا جاسکتا ہے۔ متفرق موضوعات پر لوگ کس طرح سوچ رہے ہیں، کون کون سی مختلف اور متضاد ارا موجود ہیں، ان سب کا اندازہ ہو جاتا ہے۔

یہ بھی ہے کہ جن کو پڑھنے کی "لت" لگی ہو، وہ یہ کہاں دیکھتے ہیں کہ کہاں لکھا ہے؟ کتنا طویل، کتنا مختصر یا کس قدر ادھورا لکھا ہے؟

پڑھنے کے کیڑے تو وہ ہوتے ہیں جو تندور کی روٹی اور بازار کی تلی مچھلی کو لپیٹے آدھے ادھورے اخبار سے لے کر، کریانے سے لائی دال کو سنبھالے لفافے کی تہیں کھول کر، ٹوتھ پیسٹ اور شیمپو کے ڈبوں پر لکھی ہدایات تک سب چاٹ جاتے ہیں۔

ایسے میں فیس بک کی آدھی ادھوری، چند سطروں سے لے کر طویل پوسٹیں دلچسپی رکھنے والوں کی توجہ ضرور اپنی طرف مبذول کرتی ہیں۔ خصوصاً کچھ صاحبان علم کی طویل و مختصر دونوں قسم کی تحریروں سے فائدہ ہوتا ہے۔

دلچسپ بات یہ ہے کہ ہم جیسوں کے لئے یہ صرف نفس مضمون ہی نہیں بلکہ

صاحب مضمون کے "مطالعے" کا ذریعہ بھی ہوتی ہیں۔

فیس بک اور انٹرنیٹ کتب بینی کا متبادل نہیں ہیں۔ سنجیدہ اور ارتکاز کے ساتھ مطالعہ کی عادت دوبارہ ڈالنی چاہیے جو ہماری زندگیوں میں آلات کے غیر ضروری حد تک بڑھ جانے کے سبب از حد متاثر ہو رہی ہے۔ البتہ ہمارے نزدیک مقابلہ برقیاتی اور ورقیاتی تحریروں کے بیچ نہیں، بلکہ اصل امتحان یہ ہے کہ لوگ اب پڑھنے کے بجائے "سننے" اور "دیکھنے" کو فوقیت دینے لگے ہیں۔ احباب منہ بنا کر کہتے ہیں اس موضوع پر کوئی "لیکچر" یا "فلم" مل سکتی ہے تو بتائیے۔ ایک چیلنج یہ ہے کہ پڑھنے کی عادت ختم ہو جانے کے سبب بہت سے الفاظ و تراکیب نامانوس ہونے لگے ہیں۔ اچھے خاصے آسان سے ایسے الفاظ جو پڑھ کر سیکھے جانے کے بعد روز مرہ کی گفتگو میں مستعمل ہو سکتے ہیں، اب متروک ہونے لگے ہیں۔

لوگ باگ پوچھتے ہیں "جاڑا" کیا ہوتا ہے؟ "عنابی اور بنفشی" رنگ کیسا ہوتا ہے؟ "زود رنج" کا کیا مطلب ہے؟ "ثریا" کس شے کا نام ہے؟ آپ "پت جھڑ" کیوں کہتی ہیں؟

اس نہ پڑھنے کی وجہ سے "طشت از بام ہونا" کو روز مرہ گفتگو کے کسی جملے میں استعمال کرنے کی بے قراری اب کہاں ہوتی ہے؟

Reading habit and social media networking. - Essay: Jawaria Saeed

***

۱۰

ہم آزاد ہیں

ابو غزالہ

آج سے نصف سے زائد صدی پہلے ۱۵ / اگست ۱۹۴۷ کی نصف شب ہندوستان میں آزادی کا سورج طلوع ہوا، انگریزوں نے اپنا بوریا بستر سمیٹا اور اپنے ملک عزیز برطانیہ کو سدھارے۔ گو کہ انگریز چلے گئے لیکن انگریزوں کے تئیں ہماری غلامی کی عادت نہ گئی۔ یہ اور بات ہے کہ ہم انگریزوں کے غلام ہیں لیکن اپنے ہموطنوں کے لئے آزاد بلکہ مادر پدر آزاد ہیں۔ آزادی حاصل کرنے میں ہمارے آباء واجداء نے جو بے لوث قربانیاں دی ہیں شائد وہ بھی آزادی کے اس تصوّر سے نا آشنا رہے ہونگے، جس قسم کی آزادی کا ہم اس وقت اظہار کر رہے ہیں۔ ہماری آزادی کے نمونے اگر ملاحظہ کرنے ہوں تو یہ قدم قدم پر ملیں گے۔ چلئے آپ لوگوں کو چند ایک کی طرف متوجہ کرنے کی ہم سعیٔ ناکام کرتے ہیں۔

ہماری سڑکیں:

ہماری آزادی کی سب سے بڑی اور واضح علامت تو ہماری سڑکیں ہی ہیں، ہم جدھر سے چاہیں چلیں، جہاں سے چاہیں، جب چاہیں، مڑ جائیں اور جہاں چاہیں ٹھہر جائیں، ہمیں کوئی روک سکتا ہے نہ ٹوک سکتا ہے۔ تقریبات منعقد کرنے کے لئے تو گھر کے سامنے کی سڑک بہت ہی آئیڈیل جگہ ہے، چند کھونٹیاں گاڑو، شامیانہ لگاؤ اور قنات سے جتنی چاہے

جگہ گھیر لو، تنبیہ کے لیے گلی کے دونوں سروں پر کسی بھی قسم کا کوئی سائین بورڈ لگانے کی ضرورت نہیں۔ کوئی شامت کا مارا ادھر آئے گا بھی تو جھک مار کر خود ہی لوٹ جائے گا۔ سوار تو سوار، پیدل راہگیر بھی کوفت میں مبتلا ہو جائے۔ اگر آپ کا گھر اونچی کرسی کا ہے تو گھبرانے کی ضرورت نہیں، سیڑھیاں سڑک پر بنا کر روڈ کی وسعت کو حسب ضرورت اور حسب استطاعت کم کیا جاسکتا ہے۔ ہاں حسب استطاعت کیوں کہ آپ جتنے بڑے لیڈر ہیں یا جتنے بڑے غنڈے ہیں اتنا ہی آپ روڈ پر غاصبانہ قبضہ کر سکتے ہیں۔

جن علاقوں میں نلوں میں پانی کا پریشر کم ہے، وہاں بجائے صحن کے، گھروں کے سامنے سڑک کے کنارے گڈھے کھود کر پانی حاصل کرنے کے لئے بھی ہمیں کافی آزادی ملی ہوئی ہے۔ اب راہگیر اس میں گر کر اپنا ماتھا پھوڑیں یا ٹانگ توڑ لیں، اپنی اپنی قسمت۔ عام آدمی تو ایک طرف، محکمہ بلدیہ اور شوارع بھی آزاد ہیں کہ وہ چاہیں تو سڑکوں کی مرمت کروائیں چاہے نہ کروائیں۔ سڑکوں پر وجود میں آنے والے مخصوص گڈھوں سے بچنے کے لئے سیکل سوار، موٹر نشین حضرات، دفعتاً جو اپنی گاڑیوں کو موڑتے ہیں اس سے بھی کئی ایک حادثے وقوع پذیر ہو جاتے ہیں لیکن ارباب مجاز کو آزادی ہے کہ وہ اپنے کانوں پر جوں نہ رینگنے دیں، بلکہ اگر کہیں سے ڈھونڈ ڈھانڈ کر کوئی جوں لا کر کانوں پر ڈالی بھی جائے تو اسے بے شرمی سے جھٹک دیا جاتا ہے۔

پولیس بھی جانتی ہے اور بلدیہ بھی کہ یہ حادثہ صرف اسی گڈھے کی بدولت ہوا ہے پھر بھی اسے پاٹا نہیں جاتا۔ بعض سڑکوں پر تو اتنے پرانے گڈھے ہیں کہ وہ تاریخی گڈھے کہلائے جانے کے مستحق ہیں۔ کیونکہ اس سے بچنے کی کوشش میں کبھی ہمارے فلاں چچا نے یا ماموں نے، فلاں تقریب کے وقت اپنی ٹانگ توڑ لی تھی۔ کسی صاحب نے تو اپنی شادی کی تاریخ کو کسی مشہور چوراہے والے گڈھے سے وقوع پذیر ہوئے ایک بڑے

ایکسیڈنٹ سے مربوط کیا ہے۔

ہمارے پاس کوئی مذہبی تقریب ہو تو اس موقع پر سب سے زیادہ آزادی سے استعمال ہونے والی سڑکیں ہی ہیں۔ سیاسی لیڈر کا استقبال ہو اور اگر ور برسر اقتدار پارٹی سے تعلق رکھتا ہو تو استقبالی کمانیں نصب کرنے کے لئے جہاں چاہے کھود دیا جائے۔ گاؤں میں غلّہ اور فصل سکھانے کے لئے بھی سب سے بہترین پلاٹ فارمس یہ سڑکیں ہی ہیں۔ ٹرک یا بس ڈرائیوروں سے غلطی ہو جائے تو سمجھیے کہ بیچارے کی جان ہی گئی۔

برقی سپلائی:

ہم اپنی مرضی سے جتنا چاہیں بجلی استعمال کریں یا ضائع، ہمارا دل ہرگز نہیں جلے گا کیونکہ برقی میٹر میں الٹ پھیر کرنے کی ہم کو آزادی حاصل ہے۔ اگر برقی چوری کی تحقیق کے لئے برقی عملہ یا پولیس گھر میں گھستی ہے تو ہمارے لیڈر انکی ٹانگ کھینچنے کے لئے موجود رہیں گے۔

اگر آپ دیہات میں یا شہر کے قرب وجوار میں رہتے ہوں تو پھر شام ہوتے ہی کھمبوں پر تار ڈال کر مفت برقی حاصل کرنے کی آزادی بھی آپ کو حاصل ہے۔ آپ اپنے کھیتوں کی رکھوالی کرنے کے لئے کھیتوں کے اطراف تار کھینچ کر اس میں برقی رو دوڑا سکتے ہیں، اگر کوئی جنگلی جانور مرتا ہے تو نہ پولیس کچھ کر سکتی ہے اور نہ محکمہ جنگلات۔ ہمارے نیتاؤں کو بھی کافی آزادی ملی ہوئی ہے کہ ووٹ حاصل کرنے کے لئے، کروڑہا روپیئے کی مفت برقی سربراہی، لاکھوں کروڑوں روپے کے قرضہ جات کی معافی جیسے اعلانات کرتے پھریں۔ نتیجتاً پیسے دیکر برقی استعمال کرنے والا صارف گھنٹوں لوڈ شیڈنگ جھیلتا رہے۔

سرکاری مدرسے:

سرکاری مدرسوں کی زبوں حالی تو سب پر عیاں ہے لیکن سرکاری مدرّسین کی خوش حالی کا حال اللہ بہتر جانتے ہیں، ہم انکے بارے میں لکھ کر معتوب ہونا نہیں چاہتے کیونکہ سب سے طاقتور یونین، ٹیچرس یونین ہے۔ اگر سرکاری مدرسوں کے نتائج بہتر ہوتے تو پھر خانگی مدارس کی چاندی نہ ہوتی۔ آجکل تو مدارس بھی اسٹیٹس سمبل (Status Symbol) بن گئے ہیں۔ لیکن افسوس ہے کہ یہ تمام مدرسے بچّوں سے ان کا بچپن چھین رہے ہیں۔ چائیلڈ لیبر کے خلاف کمر بستہ حکومت، کارپوریٹ مدرسوں میں اچّھی تعلیم کے نام پر ہو رہی چائیلڈ لیبر شپ سے شائد ناواقف نہیں ہے۔ اندھی تقلید کرنے والے والدین بھی ہزاروں روپے خرچ کر کے اپنی اولاد کو چائیلڈ لیبر بنا رہے ہیں۔ ایسا لگتا ہے کہ حکومت اور بیوقوف سرپرست مل کر آئیندہ چند سالوں میں لاکھوں بے روزگار انجنیئرس پیدا کریں گے۔

سرکاری ہسپتال:

غریب سے غریب آدمی بھی سرکاری ہسپتالوں پر خانگی ہسپتال کو ہی ترجیح دیتا ہے۔ حالانکہ سرکاری ہسپتالوں میں ہر قسم کی سہولت ہونی چاہئے لیکن بہترین سہولتیں خانگی ہسپتالوں ہی میں دستیاب ہیں۔ اور ڈاکٹروں میں رحم کا مادّہ رقم کی کمی زیادتی پر منحصر ہوتا ہے۔ سرکاری ہسپتال کے عملے کو بھی اس بات کی آزادی ہے کہ وہ اپنی پسند کے وقت پر آئیں اور اپنی مرضی سے مریضوں کا علاج کریں اور جو سلوک چاہیں روا رکھیں۔ کارپوریٹ دواخانوں کو اس بات کی آزادی ہے کہ وہ مردے کو بھی وینٹی لیٹر (Ventilator) پر رکھ کر اس کے رشتہ داروں سے من مانی فیس وصول کریں۔ اب ایسا بھی نہیں کہ اس حمام میں سب ہی ننگے ہوں، اچّھے لوگ بھی ہیں لیکن آٹے میں نمک

کے برابر۔

محکمۂ پولیس:

ہماری پولیس کی خاص بات یہ ہے کہ اس سے چور اچکّے کم ڈرتے ہیں اور شریف لوگ زیادہ۔ جتنا شرفاء ڈرینگے اتنی ہی کم شکایتیں درج ہونگی اور جتنی کم شکایتیں درج ہونگی اتنا ہی پولیس کی کارکردگی بہتر ثابت ہوگی۔ چھوٹے موٹے چوری چکاری اور واضح قتل و غارت گری کے کیسس برسوں حل نہ کرسکنے والی پولیس، بم دھماکوں کے کیسس گھنٹوں میں حل کرلیتی ہے اور اس کے ڈانڈے کبھی لکھنؤ تو کبھی بنگلور اور کبھی تو سمندر پار سے سے ملادیتی ہے، جیسے کہ تمام ثبوت اس کی جھولی میں پہلے سے ہی موجود رہے ہوں، آخر کیوں نہ ہو کہ اس کو ثبوت مہیا کرنے کی آزادی جو میسّر ہے۔ اتنا ہی کہنا کافی ہے کہ انگریزوں کے زمانے میں پولیس کا محکمہ اس لئے قائم کیا گیا تھا کہ ہندوستانیوں کو دباکر رکھا جائے۔ اس لئے ہم وطنوں پر ظلم کرنے کی آزادی انہیں برسوں سے ملی ہوئی ہے۔

سرکاری دفاتر:

سرکاری دفاتر پر بعض دفعہ سرکاری آرام گاہوں کا گماں ہوتا ہے۔ آپ کسی بھی کام کے بارے میں اس تیلگو کہاوت پر یقین کرسکتے ہیں "ارجنٹ انٹے آرو نیلالو، موسٹ ارجنٹ انٹے موڑو نیلالو"۔ یعنی، ضروری کا مطلب چھ مہینے اور اشد ضروری کا مطلب تین مہینے۔ کہنے والے نے شائد کچھ کنجوسی سے ہی کام لیا ہے۔ سرکاری عہدہ داروں کو کئی آزادیاں علیحدہ سے میسّر ہیں، جیسے وقت کی، رخصت کی، چائے اور پان کی۔ تنخواہ کے علاوہ حق المحنت، یعنی رشوت کی وصولی کی بھی۔

آپ کے اپنے رہنما اور نیتا:

پرانے جو بادہ کش ہیں وہ اٹھتے جاتے ہیں
سحر قریب ہے اللہ کا نام لے ساقی

آپ کے وطن کو آزاد کروانے والے پر خلوص رہنما اس دارِ فانی سے کوچ کر چکے ہیں اور اب جو راہ نما ہیں انکا خلوص اسکامس کی بڑھتی ہوئی تعداد اور رقومات سے ناپا جا سکتا ہے۔ جو جتنا بڑا رہنما ہے، سمجھئے کہ وہ اتنا ہی بڑا رہزن بھی ہے۔ اس حمام میں تو سب ہی ننگے ہیں۔ سرکاری اہلکار سینکڑوں میں رشوت لیتے ہیں تو عہدہ دار ہزاروں میں، لیکن نیتا لوگ لاکھوں اور کروڑوں میں رشوت لیتے ہیں اور محکمۂ اینٹی کرپشن بھی ان کا بال بیکا نہیں کر سکتا۔ دیش کی آزادی کا سب سے بڑا فائدہ موجودہ نیتاؤں کو حاصل ہوا ہے۔

آپ خود:

یہاں پھر ایک دوسری تیلگو کہاوت صادق آتی ہے "یدھا راجہ، تتھا پرجا" یعنی جیسا راجہ، ویسی ہی رعایا۔ ہمارے رہنما، ہمارے سرکاری ملازم، ہماری پولیس اور ہمارے دوسرے متعلقہ سرشتہ دار، سب ہم ہی میں سے ہیں اور یہ سب ہمارا ہی پرتو ہیں۔ اس لئے دوسروں کی آنکھ کا تنکا تلاش کرنے کے بجائے اپنی ہی آنکھ کے شہتیر کو دور کیا جائے۔ دوسروں کے اعمال کا محاسبہ کرنے کے بجائے اپنے ہی اعمال کو درست کیا جائے تو شائد یہ پھیلی ہوئی عام بے چینی دور ہو جائے۔

بہر حال رشوت، گھوٹالے، دھوکے، دنگے، فساد سے عام آدمی پرہیز کرے تو پھر کسی کی مجال نہیں کہ عام آدمی پر ظلم کر سکے۔ آزادی کے ان تمام بیان کردہ طریقوں کا نہ صرف غلط استعمال ہے بلکہ آزادی کے ساتھ کھلواڑ بھی۔

آج ضرورت اس بات کی ہے کہ ہم سچّے دل سے یہ عہد کریں کہ ہم اس آزادی کا

غلط استعمال نہیں کریں گے تو بے شک ہمارا ہندوستان، جنّت نشان بن جائے گا ورنہ بقولِ علّامہ اقبال:

نہ سمجھو گے تو مٹ جاؤ گے ہندوستاں والو
تمھاری داستاں بھی نہ ہو گی داستانوں میں

The benefits of Indian independence. Essay: Abu Ghazala

* * *

۱۱

یہ الگ بات کہ شکوہ کیا تنہا ہم نے

مصطفیٰ علی سروری

ہندوستان میں مسلمانوں کی موجودہ صورتحال کے حوالے سے تبصرے اور بحث اب آئے دن کا معمول بن چکی ہے۔ ہر کس و ناکس اپنی رائے کا اظہار کر رہا ہے اور ہر وہ کام کرنے کا مشورہ دے رہا ہے جو خود اُس کے بس کی بات نہیں۔

یہ سچ ہے کہ ملک میں آج سیاسی اور سماجی حالات ایک عجیب صورتحال کی عکاسی کر رہے ہیں اور اس صورتحال سے نمٹنے کے لئے کیا کیا جاسکتا ہے؟ اس حوالے سے غور کرنے کی ضرورت ہے۔ سیاسی جماعتیں سیاسی نقطۂ نظر سے اپنا لائحہ عمل بنا رہی ہیں اور بنانا چاہئے بھی لیکن سماجی حالات سے نمٹنے کے لئے جو بھی منصوبہ بنایا جائے اس میں ہندوستان کے امن پسند شہری کی شمولیت ضروری ہے۔ مگر معاملہ یہ ہے کہ آج مسلمانوں کی سماجی بیداری کے لئے سنجیدہ کام کرنے والوں کا دور دور تک کوئی نام و نشان نہیں ایسے میں میں کیا کروں؟

۱) سیاسی قیادت کو موردِ الزام ٹھیراؤں؟

۲) مذہبی قیادت کو بُرا بھلا کیوں؟

۳) ملک کے بھائی چارہ کو توڑنے والوں کو گالیاں دوں؟

۴)زمانہ ہی خراب ہو گیا ہے کہہ کر چپ سادھ لوں؟

ہمارے آس پاس ہمارے اطراف واکناف میں ایسے ہی تو لوگ ہیں جو اوپر درج کسی ایک موضوع سے جڑے ہوئے ہیں۔

آخر کو میں بھی اس سماج کا ایک حصہ ہوں جو آج بہت سنگین مسائل جھیل رہا ہے۔ مذہبی رواداری، مذہبی فرقہ پرستی کا روپ دھار کر ایک بھیانک شکل اختیار کر چکی ہے۔ ہندو انتہا پسندوں نے جس طرح کا خوف کا ماحول بنا رکھا ہے وہ صرف تنہا مسلمانوں کے لئے تشویش کا باعث نہیں ہے اور مسلمانوں کو اسی بنیادی نکتہ کو سمجھنے کی ضرورت ہے۔ بی جے پی نے اگرچہ مرکز میں اپنی حکومت تشکیل دے لی ہے لیکن بی جے پی ایسی سیاسی جماعت نہیں جو سارے ہندوؤں کے جذبات کی عکاسی کرتی ہو۔ جی ہاں مسلمانوں کو یہ بات سمجھنے کی ضرورت ہے کہ ملک کا ہر ہندو بی جے پی کا حمایتی نہیں ہے اور مسلمان اس ملک میں امن کے لئے کی جانے والی جدوجہد میں اسی صورت کامیاب ہو سکتا جب وہ اپنے ساتھ اُن ہندوستانیوں کو بھی شامل کرے جو مسلمان نہیں ہیں اور بی جے پی کے حمایتی نہیں ہیں۔

خیر سے یہ تو وہ بات تھی جو ملک کے مسلمانوں کو اپنے دیگر برادران وطن کے متعلق سوچنے اور اس پر عمل کرنے کے علاوہ اسے عام کرنے کی ہے۔ مگر میرا آج کا موضوع وہ اُمور ہیں اور وہ باتیں ہیں جو مسلمانوں کو خود اپنے ساتھی مسلمانوں کے متعلق یاد رکھنی چاہیے۔ صرف یاد رکھنی ہی نہیں بلکہ عمل سے ثابت کرنا چاہیئے کہ ہاں ہم مسلمان ہیں۔

ماہ اکتوبر ۲۰۱۵ کے دوران یوں تو حیدرآباد میں پیش آئے جرائم کی کئی خبروں اخباروں کی زینت بنی لیکن بعض خبریں ایسی تھی جو ہم مسلمانوں کو دعوت فکر دیتی ہیں

لیکن زندگی کی بھاگ دوڑ میں اور اپنی ہی کامیابی کو حاصل کرنے کے من گھڑت پیمانوں کو لے کر ہم اس قدر مصروف ہیں کہ ہمیں وقت اجازت ہی نہیں دیتا کہ ہم اپنی ذات اپنے گھر اپنے بچوں اپنے خول سے نکل کر باہر بھی دیکھیں۔

شیخ صابر نامی ایک نوجوان مائیلا دیو پلی کا رہنے والا تھا پیشہ سے وہ لاری ڈرائیور تھا۔ اُس کے متعلق پولیس نے اطلاع دی کہ اُس نے اپنی گھریلو پریشانیوں سے تنگ آکر خودکشی کرلی۔ اخباری اطلاعات کے مطابق شیخ صابر اپنے معاشی حالات سے مایوس تھا۔ مایوسی کے اندھیرے سے باہر نکلنے کا جب اُسے کوئی راستہ سجھائی نہیں دیا تو اُس نے اپنے ہی گھر کے سیلنگ فین سے لٹک کر خودکشی کرلی۔

کیا شیخ صابر کی خودکشی کو ٹالا جاسکتا تھا؟ لیکن کوئی بھی اس لاری ڈرائیور کے متعلق سوچے گا کیوں؟ کیونکہ شیخ صابر غریب تھا۔ لاری چلاتا تھا تو شائد اُسی تنخواہ سے اُس کا گھر چلتا تھا۔ گھر کے اخراجات زیادہ کھانے والے زیادہ اور کام کرنے والا وہ اکیلا کتنا کماتا؟ اور کہاں تک گھر والوں کی خواہشات کو پورا کرتا؟ قرض بھی لیا ہوگا اُس نے اور ادا کرنے کیلئے کوئی راستہ نظر نہیں آیا ہوگا۔ اُس کو دوستوں نے بھی مزید قرض دینے سے انکار کیا ہوگا؟ رشتہ داروں نے بھی منہ پھیر لیا ہوگا۔ جہاں وہ کام کرتا تھا وہاں پر سیٹھ نے بھی مزید اضافی رقم دینے سے منع کیا ہوگا اور جس کے ہاں سے صابر نے قرضہ لیا تھا وہ صبر کرنے کیلئے تیار نہ رہا ہوگا اور غالباً ایسی ہی کسی صورتحال نے صابر کے صبر کو چکنا چور کر دیا۔

جب وہ اپنے ہی ہاتھوں سے اپنے گلے میں پھانسی کا پھندا لگا رہا ہوگا تو کیا کچھ اس کے دل و دماغ میں چل رہا تھا ہوگا؟ کس کے لئے دعا تھی ہوگی اور کس کے لئے اُس نے بددعا مانگی ہوگی۔ آخر کو اُس نے کچھ تو سوچا ہوگا کہ اُس کے مرنے کے بعد اُس کے چاہنے والوں کا کیا ہوگا۔ یقیناً اُس نے اپنے مرنے کے بعد اپنے چاہنے والوں کیلئے آسانیوں کی خواہش

رکھی ہوگی۔ اُن کو پریشانیاں نہ آئیں اُس کیلئے تمنا بھی کی ہوگی اور وہ لوگ جنہوں نے اُسے مالی مدد کرنے سے منع کر دیا ہوگا اُن کیلئے بھی صابر نے کچھ تو خیال دل میں لایا ہوگا۔ کیا صابر نے اُن لوگوں کیلئے بھی خوشیوں اور راحت کی دعا کی ہوگی جنہوں نے اُسے بُرے وقت میں مدد نہیں کی۔

مجھے تو نہیں لگتا!

اور آپ کیا سوچتے ہیں؟

کیا آپ کے پاس صابر کے متعلق سوچنے کیلئے وقت نہیں ہے؟ تعجب ہے کیونکہ صابر کے متعلق سوچنا کہ اُس کو خودکشی سے کیسے بچایا جاسکتا ہے۔ صرف اُسی کا مسئلہ نہیں بلکہ خود ہم میں سے ہر ایک کا مسئلہ ہے۔ کیوں کہ بروز قیامت ہم میں سے ہر ایک سے سوال ہوگا کہ تیرا پڑوسی بھوکا تھا؟ تیرا پڑوسی اپنی ضروریات کیلئے پریشان تھا؟ تیرا پڑوسی اپنی بیماری کے علاج کیلئے قرضوں میں گھیرا تھا اور تو اپنے گھر کی شادی کیلئے صرف لائیٹ سجانے کیلئے پانچ پانچ ہزار روپے خرچ کر رہا تھا۔ ویڈیوز اور فوٹوز کے البم بنانے کیلئے تو نے دس دس ہزار روپئے خرچ کر دیئے۔

مسجد میں نکاح کر کے ہم خدا کو راضی کرنا چاہتے ہیں اور اگر ہم اپنے پڑوس کی ضرورت کو پورا کرتے اُن کو قرضوں اور دیگر پریشانیوں سے بچالیتے تو خدا کی قسم اُس کی پاک ذات ہم سے ناراض نہیں ہوتی۔

اخبارات نے جہاں ۱۴/اکتوبر ۲۰۱۵ کو شیخ صابر کی خودکشی کی خبر کو کوور کیا ہیں۔ ۱۱/اکتوبر ۲۰۱۵ کو تین دن پہلے بھی بھوانی نگر کے مسکین محمد حاجی کی اپنے ہی گھر میں فین سے لٹک کر خودکشی کر لینے کی خبر شائع کی تھی۔ آخر اس طرح کی خبریں ہمیں کس طرح کے مستقبل کی خبر دیتی ہیں؟

ایک طرف تو دشمن ہے جو کھلے عام جارحیت کے نعرہ ہی نہیں لگا رہا ہے بلکہ وقتاً فوقتاً اپنی جارحیت کا عملی نمونہ بھی پیش کر رہا ہے اور ایک طرف ہم (مسلمان) خود ہی اپنی جان کے دشمن بنے ہوئے ہیں۔

دونوں طرح کی کیفیت ایک ہی بات کا پتہ دیتی ہیں کہ نہ رب ہی ہم سے راضی ہے اور نہ ہمارا پڑوسی ہم سے خوش۔ آخر کو خیال آتا ہے کہ ہم کیسی زندگی جی رہے ہیں اور کس کیلئے جی رہے ہیں۔ غور کرنے پر پتہ چلتا ہے کہ ہم دوغلی زندگی کے جنجال میں پھنسے ہیں۔

ہم جو ہیں وہ دنیا کو بتانا نہیں چاہئے اور دنیا ہم سے جو دیکھنا چاہتی ہے ہم اسی کو چھپانا چاہتے' بتانے اور چھپانے کے اسی کھیل میں ہماری زندگی گذر رہی ہے اور ہم نے اپنے آپ کو مسلمان تو سمجھ رکھا ہے لیکن اسلام کا وہ سبق بھلادیا کہ "پاک ہے وہ ذات جس کے قبضے میں ہم سب کی جان ہے وہ سب کچھ جانتا ہے۔ یہاں تک کہ جو کچھ ہمارے دلوں میں ہے"۔

مسئلہ یہ ہے کہ ہم نے اپنا وہ سبق ہی بھلادیا جس کو سارے عالم تک پہنچانے کی ہمیں ذمہ داری بھی دی گئی ہے۔

میں اسلام کے ارکان کی بظاہر پابندی کرنے کی کوششیں کر رہا ہوں مگر جو اصل روح ہے۔ وہ مجھ میں باقی نہیں۔ قرآن کا ناظرہ تو پڑھ لیتا ہوں مگر عربی زبان کے ایک حرف کے معنی بھی نہیں سمجھ سکتا ہوں۔ جس کتاب پر مجھے عمل کرنا تھا میں اس کو جزدان میں بند کر کے طاق میں سجا کر رکھتا ہوں۔

یاالٰہی یہ میں کیا کر رہا ہوں۔ دنیا بھر کے علوم سیکھ لونگا مگر میں نے کبھی قرآن مجید کو سمجھنا تو دور اُس کے معنی بھی پڑھنے کی کوشش نہیں کی؟ یہ میں کس منزل کی تلاش

میں ہوں اور کیسے بھٹک گیا ہوں۔

اے میرے آقا تو تو بھٹکوں کو راستہ دکھاتا ہے میری بھی مدد فرما اور مجھ کو بھی سیدھا راستہ چلا اُن لوگوں کا راستہ جن پر تو نے انعام کیا ہو۔

آمین یارب العالمین

سب کا احوال وہی ہے جو ہمارا ہے آج
یہ الگ بات کہ شکوہ کیا تنہا ہم نے

Neglecting others and living a double standard life. Essay: Prof. Mustafa Ali Sarwari

***

۱۲

انٹرنیٹ اور اخلاقی ذمہ داری

کے۔این۔واصف

ایک عرصہ قبل ہم نے خواندگی کی تعریف یہ سنی تھی کہ وہ شخص جو اپنی مادری زبان میں لکھ پڑھ سکتا ہے وہ خواندہ یا پڑھا لکھا کہلائے گا اور یہ سن کر ہم بہت خوش تھے کہ چلو کچھ نہ سہی ہمارا شمار خواندہ افراد میں تو ہے اور ہماری خوشی نے ایک زینہ اور طئے کیا جب سے ہم لکھنے اور اخبار ورسائل میں شائع ہونے لگے، کیونکہ اب ہم نہ صرف اپنی مادری زبان میں لکھ پڑھ سکتے ہیں بلکہ ہمارا لکھا کئی لوگ پڑھتے بھی ہیں۔

پھر ایک دن معلوم ہوا کہ اب خواندگی کا معیار یا پیمانہ بدل گیا ہے اور اب خواندہ کہلانے کے لئے بندے کو کمپیوٹر سے واقف ہونا بھی ضروری ہے۔یوں ہم نے اپنے آپ کو خواندہ افراد کی فہرست میں شامل کرنے کے لئے کمپیوٹر سیکھ لیا۔ پھر ای میل، ٹوئٹر اور فیس بک پر اپنے کھاتے بھی کھول لئے اور اس عمر میں اب گھنٹوں کمپیوٹر کی کھڑکیوں کی تاک جھانک میں بھی گزارتے ہیں۔

ہم بنیادی طور پر ایک مصور (فوٹو گرافر) ہیں۔ فوٹو گرافی ہمارا روزگار ہے اور عشق و شوق بھی، ایک روز ہم نے اپنی لی ہوئی کچھ تصویریں فیس بک پر پوسٹ کیں۔ کئی احباب

اور ناظرین نے انہیں پسند کیا اور ان پر اظہار خیال بھی کیا۔ ہم فیس بک کی ورق گردانی کر رہے تھے کہ اچانک کوئی صاحب جن سے ہم شخصی طور پر واقف نہیں فیس بک پر نمودار ہوئے اور لکھا کہ آپ کے نام سے تو ظاہر ہوتا ہے کہ آپ مسلمان ہیں۔ نیز آپ کی Profile فوٹو کہہ رہی ہے کہ آپ عمر رسیدہ بھی ہیں۔ مگر آپ کے افعال مومنانہ نہیں ہیں۔ آپ کو معلوم ہونا چاہیئے کہ فوٹو گرافی ناجائز اور ممنوعہ عمل ہے اور آپ کی ڈھٹائی تو دیکھئے کہ آپ اپنے گناہ کی تشہیر فیس بک پر بھی کر رہے ہیں۔

ہم نے انہیں بڑے خلیق انداز میں جواب دیا کہ ہم ایک آرکیٹیکچرل فوٹو گرافر ہیں اور تاریخی عمارتوں کی تصویر کشی کرتے ہیں اور عام طور سے یہی تصویریں یا تاریخی مقامات پر بنائی ہوئی اپنی ڈاکیومنٹریز فیس بک پر احباب کے ساتھ Share کرتے ہیں۔ انہوں نے سخت انداز میں جواب لکھا کہ فوٹو گرافی ہر حال میں ناجائز اور ممنوع ہے۔ آپ یہ کام فوری ترک کر دیں۔

ہم نے پھر بڑے ادب سے انہیں سمجھاتے ہوئے مرحوم مولانا رشید پاشاہ قادری، شیخ الجامعہ نظامیہ حیدرآباد کے ایک مضمون کا حوالہ دیا، جس میں انہوں نے فوٹو گرافی کو ایک کیمیائی رد عمل Chemical Re-action قرار دیا تھا اور لکھا تھا کہ فلم یا برش کی مدد سے جانداروں کی بنائی گئی تصویر اور کیمرے سے اتاری گئی تصویر دو مختلف چیز ہیں۔ کیمرے سے اتاری گئی تصویر چونکہ ایک کیمیائی رد عمل ہے، لہذا اسے ناجائز نہیں قرار دیا جا سکتا۔ ابھی ہم اپنی بات مکمل بھی نہ کر پائے تھے کہ وہ اچانک بھڑک اٹھے اور غیر شائستہ الفاظ سے نوازتے ہوئے ہمیں گنہگار اور دوزخی قرار دے دیا۔

بہر حال سوشیل میڈیا پر ہر روز ایسے بیسیوں واقعات ہوتے ہیں جہاں لاعلم یا کم علم لوگ دینی و دنیوی معاملات پر بے دھڑک انداز میں اظہار خیال کرتے ہیں اور یہ چیز ہر سوسائٹی میں پائی جاتی ہے۔ حالیہ دنوں میں ایک معروف عرب قلم کار ترکی الدخیل کی اسی موضوع پر ایک تحریر یہاں کے مقامی اخبار میں شائع ہوئی جس میں انہوں نے لکھا تھا کہ ہمارے معاشرے کے روز مرہ معمولات کو دیکھ کر کبھی کبھی مجھے انتہائی درجے کی حیرت ہوتی ہے۔ میرا خیال ہے کہ مملکت میں جو طبقہ انٹرنیٹ استعمال کر رہا ہے اس نے تعلیم کا کم از کم ادنی درجہ حاصل کیا ہوگا۔ اسی پر قیاس کرتے ہوئے ہم کہہ سکتے ہیں کہ یہ معاشرے کا مذہبی طبقہ ہوگا لیکن اسی تعلیم یافتہ اور مہذب طبقے میں سے جب ان لوگوں کو دیکھا جاتا ہے جو انٹرنیٹ پر کسی مفکر، دانشور، کالم نگار یا عالم دین سے اختلاف کرتے ہیں تو بد تہذیبی کے آخری درجے تک پہنچ جاتے ہیں۔ فکری اختلاف کی وجہ سے لوگ فحش گالیوں اور بازاری الفاظ تک استعمال کرنے سے نہیں چوکتے۔ انٹرنیٹ کی مختلف سائٹس سمیت سوشل میڈیا میں اختلاف کرنے والے کے خلاف ایسی زبان استعمال کی جاتی ہے جسے استعمال کرنے میں بازاری لوگ بھی گریز کرتے ہیں۔

ہم سب کو ٹوئیٹر کے ان جوانوں کا واقعہ یاد ہے جن کا سعودی مجلس شوریٰ کے ایک معزز رکن کے ساتھ کسی معاملے پر اختلاف ہو گیا تو نوجوانوں نے جو زبان استعمال کی، سو استعمال کی مگر مجلس شوریٰ کے معزز رکن نے بھی بازاری الفاظ استعمال کرنے سے گریز نہیں کیا۔

اس طرح کے معاملات انٹرنیٹ کی مختلف سائٹس کے علاوہ سوشل میڈیا میں عام

ہوگئے ہیں۔ یہ ان لوگوں کی طرف سے ہو رہا ہے جو معاشرے کے پڑھے لکھے اور مہذب لوگ سمجھے جاتے ہیں۔ اس بد تہذیبی کی کوئی توجیہ نہیں پیش کی جاسکتی۔ کوئی یہ نہیں کہہ سکتا کہ اختلاف رائے اس حد تک پہنچا کہ مخالف فریق کو بالآخر بازاری الفاظ سے نوازا گیا کہ یہی اس کا حق تھا۔

میں کہتا ہوں کہ رسول اکرم صلی اللہ علیہ وسلم سے زیادہ بھی کسی کی مخالفت کی گئی؟ کفار مکہ وہ لوگ تھے جنہوں نے رسول اکرم صلی اللہ علیہ وسلم کو اذیت دینے کی آخری حدوں کو پار کر ڈالا تھا۔ آپ کو (نعوذ باللہ) مجنون، کاہن، جادوگر اور شاعر کہا گیا، مگر آپ صلی اللہ علیہ وسلم نے کسی کے خلاف کبھی خلاف ادب بات نہیں کہی۔

آپ صلی اللہ علیہ وسلم فرمایا کرتے تھے کہ: مجھے ملامت کرنے والا، لعنت کرنے والا اور گالیاں دینے والا بنا کر نہیں بھیجا گیا۔

ہمیں رسول اکرم صلی اللہ علیہ وسلم کی حیات مبارکہ سے لوگوں کے ساتھ معاملہ کرنے کی تہذیب سیکھنی چاہئے۔

بدزبانی، گالی، بد خلقی اور بد تہذیبی اختیار کرنے والا شخص کبھی اعلی فکر اور نظریات کا حامل نہیں ہو سکتا۔

اعلیٰ فکر اور عمدہ نظریات کی ترویج اور اشاعت کبھی گالی، بدزبانی اور لعنت ملامت سے نہیں ہوگی۔

زبان دراصل دل کا آئینہ ہے اور دل وہ لوتھڑا ہے جو اگر ٹھیک ہو گا تو پورا جسم توانا ہو گا اور اگر وہی خراب ہوا تو پورا جسم بیمار ہو گا۔

ہمیں اس وقت سب سے زیادہ ضرورت اس بات کی ہے کہ ہم اپنی زبان کو تہذیب سکھائیں۔ ہماری زبان گالی، فحش کلامی اور بد تہذیبی سے پاک ہونی چاہئے۔ وہ معاشرہ کبھی بلندی کے مدارج طئے نہیں کر سکتا جس کے افراد باہمی احترام اور تہذیب کے ساتھ نہ رہتے ہوں۔

گزشتہ برسوں میں ترسیل کا ذریعہ خط و کتابت تھا اور لوگ اس میں مستعد نہیں ہوا کرتے تھے۔ خط کے آنے جانے میں ہفتوں مہینوں لگ جاتے تھے لیکن انٹرنیٹ نے ترسیل کو سہل، کم خرچ اور تیز رفتار کر دیا ہے کہ جس سے احباب کے درمیان رابطے بڑھ گئے ہیں۔ اب وہ ایک دوسرے کی پل پل کی خبر رکھتے ہیں۔ لوگ گھروں اور دفاتر میں بیٹھ کر احباب سے میل، فیس بک اور ٹوئیٹر وغیرہ کے ذریعہ آسانی سے تبادلہ خیال کر رہے ہیں۔ یہ ہوئے اس کے کچھ مثبت پہلو لیکن اس کا دوسرا رخ خوش کن نہیں۔

بعض لوگ میل پر غیر مستند باتیں اور دینی موضوعات پر مضامین، ضعیف احادیث ، اسلامی تاریخ کے نام پر من گھڑت قصے نیٹ پر پوسٹ کرنے لگے ہیں اور کچھ لوگ انہیں اپنے میل کے ذریعہ مزید آگے بڑھاتے ہیں جس سے بعد کے اوقات میں غیر صحتمندانہ افکار سماج میں عام ہوتے ہیں۔ ہم سب جانتے ہیں کہ دنیا کی ہر چیز کے مثبت و منفی اثرات ہوتے ہیں اور انٹرنیٹ بھی اس سے مستثنیٰ نہیں۔ اب یہ استعمال کرنے والے پر منحصر ہے کہ وہ اس کو کسی ضرورت یا مقصد کے لئے استعمال کرتا ہے۔ جیسا کہ ہم نے ابتداء میں لکھا انٹرنیٹ کا استعمال سیکھنا بھی ایک علم ہے اور آج کی اہم ضرورت بھی اور علم حاصل کرنے کی کوئی عمر نہیں ہوتی۔

ترسیل کے اس بے دام اور آسان ذریعہ سے مستفید ہوتے ہوئے ہمیں اس بات کا خیال رہنا چاہئے کہ کہیں ہم اخلاق و تہذیب کی حدود کو تو نہیں پھلانگ رہے ہیں۔ ہم نیٹ پر کیا دیکھ رہے ہیں کیا لکھ رہے ہیں یا کسی کی پوسٹ پر کیا اظہار خیال کر رہے ہیں یا اپنی کون سی پسند ناپسند کا اظہار کر رہے ہیں؟ تو اس سلسلے میں ہمیں اس بات کو یقینی بنانا ضروری ہے کہ اس سے کسی کو ٹھیس نہ پہنچے۔ کسی کی دل آزاری نہ ہو، کسی کے احساس و جذبات مجروح نہ ہوں اور یہ تب ہی ممکن ہے جب ہم دائرۂ اخلاق میں رہیں۔

Internet and moral responsibility - Essay: K. N. Wasif

* * *

زندگی سیریز مضامین کا ایک اور مجموعہ

زندگی: کبھی ہنسی کبھی آنسو

مرتبہ : مکرم نیاز

بین الاقوامی ایڈیشن جلد منظر عام پر آرہا ہے